山陰本線

1960～2000年代の思い出アルバム

解説 辻 良樹

キハ181系「おき」を後追い撮影。山陰本線を走った特急「あさしお」のキハ181系化は写真当時まだでキハ80系だったが、特急「おき」のキハ181系化は比較的早く、1976（昭和51）年10月であった。国鉄特急色の気動車と日本海は実によく似合っていた。◎折居付近　1981（昭和56）年8月24日　撮影：安田就視

.....Contents

キハ181系特急「いそかぜ」が高津川を通過。通常は3両編成だったが、写真は1両増結の4両編成で走るシーン。写真当時は米子〜博多間での運行であったが、後に米子〜小倉間になり、末期は益田〜小倉間になって廃止された。
◎益田〜戸田小浜　1990（平成2）年8月6日　撮影：安田就視

はじめに

　京都からの営業キロ675.4km。山陰本線京都〜幡生間の営業キロが、国鉄時代の日本交通公社の時刻表に出ている。しかし、現在発行のJTB時刻表を見ると鳥取で切れ、益田で切れる営業キロ掲載で、鳥取と益田で営業キロがリセット0.0kmになっている。

　よく山陰本線は幹線でありながら、スケールの大きなローカル線と言われるが、運行系統が分断されたローカル線がレールで繋がっているのだと思う。国鉄時代、1980年代、門司発福知山行824列車という旧型客車による長距離鈍行列車があった。門司5:22発福知山23:51着。早朝から深夜まで。そんな列車もあった。九州の空気、下関の空気、長門市や萩、石見、出雲、鳥取、但馬。車窓の家並も変わり、響灘から日本海へ。延々とつづく風景。宇田郷から須佐にかけてのコンクリートラーメン橋、惣郷川橋梁、トレッスル橋の余部橋梁を渡る頃はもう真っ暗。でもそれが良かった。長距離の1日の中で色々な出会いも得られた。

　山陽新幹線岡山開業から始まり、伯備線電化、そして智頭急行の開業。陰陽連絡や関西とのアクセスが便利になった反面、それらの恩恵から漏れた地方の駅が衰退したのも確かだ。特急は停車しないが、一部の急行は停車した。そんな地方の町の代表駅が山陰本線には結構あった。そういった駅も現在では無人駅だ。急行は人気が無くなったと言ってしまえば、身も蓋もないが、せめて国鉄末期頃の状態にまで戻れば、そんな願いもある。山陰本線が復権する何かをこの過去の古き良き時代の写真で模索、感じていただけますと幸甚の至りです。

2023年3月　辻 良樹

1章

カラーフィルムで記録された 山陰本線

特牛は「こっとい」と読む難読駅名として有名。平成初期の頃の駅風景。駅舎は現存するが、当時は電話ボックスが駅頭にあるなどの違いが見られる。このようなスケルトンタイプの電話ボックスも今や少なくなった。写真右側には島式ホームやキハ47が写る。なお、島式ホームではあるが片側のレールはなく、当時から棒線駅である。
◎特牛 1990（平成2）年8月　撮影：安田就視

京都駅山陰本線ホームと181系特急「あさしお」8両編成。京都〜城崎・米子間と京都〜城崎・倉吉間で運行され、後者の
うち1号と8号は舞鶴線、宮津線経由だった。途中、線形の関係で綾部、西舞鶴、豊岡の3駅もの駅で進行方向が変わる列車
として知られていた。また、舞鶴線・宮津線経由の「あさしお」1号は、京都駅をかなり後に発車した「あさしお」3号よ
りも豊岡駅（宮津線分岐駅）に随分遅い到着であり、話のタネになることがあった。
◎京都　1983（昭和58）年8月27日　撮影：伊藤威信

かつては嵯峨野線（京都〜園部間）でも、湖西線や草津線と並び113系が運用されていた。写真は体質
改善施工車のリニューアルカラー。いわゆる「カフェオレ色」とファンの間で呼ばれた塗色で、これ
も今や過去のものになった。◎京都　2006（平成18）年3月25日

DD54形38。DD54形は西ドイツメーカーとのライセンス契約によって製造された液体
式ディーゼル機関車。トラブル続きの機関車であったが、山陰本線は播但線、福知山線
とともにDD54形が運用される線区として知られた。くの字型をした前面や傾斜のある
ボディがヨーロッパ風で、38号機は窓ガラスがHゴム支持、前照灯が窓下のグループで
ある。当時のDD54形は、この38号機ではないが、寝台特急「出雲」の牽引機でもあった。
◎二条　1972（昭和47）年8月19日　撮影：野口昭雄

C57形41号機＋12系客車。12系客車は臨時や団体など、波動用に導入された客車。大阪万博の輸送でも活躍した。急行形と同様の座席車で、蒸気機関車ブームの頃には蒸気機関車＋12系の臨時や団体列車が多数運転された。
◎二条　1972（昭和47）年8月19日　撮影：野口昭雄

キハ47がまだ新しい頃。それまでの気動車が多く
残っていた時代で、準急用キハ55系の格下げ運用も
健在。写真前から2両目は、かつて二等車（後に一等
車）だった狭窓の旧キロ25。キハ58系のキロ28が
普及すると格下げ普通車キハ26へ形式編入され、写
真のように一般形気動車に混じって運用していた。
◎二条　1978（昭和53）年6月17日
撮影：野口昭雄

キハ80系時代の特急「あさしお」。山陰からの帰り、
特急「あさしお」に乗車していると、まもなく京都
駅いうところで停車駅の二条駅に到着。京都駅に比
べて静かな駅だったが、当時の駅構内はかなり広く、
かつては京都鉄道本社も兼ねたという荘厳な駅舎に
横付けされたプラットホームも独特な雰囲気に包ま
れていた。
◎二条　1978（昭和53）年6月17日
撮影：野口昭雄

キハ20系の片運転台車キハ25形でバス窓タイプが写る。キハ20系は、キハ10系に比べて車体の大型化や乗り心地の改善が行われた形式。1950年代の気動車のエンジンはパワーが弱く、車体幅の広い大型の重い車体を載せることができなかった。また、座席や台車も乗り心地より重量の軽減が重視された。客車や電車に比べて居住性に課題があったが、居住性を保ちつつ車両の軽量化を図った10系軽量客車からヒントを得たことで、それらをクリアしたキハ20系が登場した。
◎嵯峨　1963（昭和38）年11月17日　撮影：野口昭雄

保津峡に沿った旧線時代の保津峡駅。キハ47形の5両編成が写る。現在は嵯峨野観光鉄道のトロッコ保津峡駅で単式ホーム1面1線だが、山陰本線時代は相対式ホーム2面2線で列車交換が可能な駅だった。写真左には渓谷に架かる鵜飼橋が写り、トロッコ保津峡駅へのアクセス橋として現在も利用されている。
◎保津峡
1980（昭和55）年11月9日
撮影：安田就視

亀岡方向を見た保津峡駅の様子。国鉄時代らしい写真で、様々な貨車を連結した貨物列車との交換シーンが写る。鵜飼橋の下を見ると、保津川下りの舟が写り、岩の上には釣り人、橋の上には釣り人のバイクが写っている。夏の日の活気ある駅と周辺の記録写真である。◎保津峡　1982（昭和57）年8月　撮影：安田就視

保津峡に沿ってカーブを描くキロ連結のキハ58系8両編成。保津峡らしい川の流れで、新緑の季節を行く旧線時代の絶景。
ディーゼル音が聞こえてきそうだ。保津峡は嵐山の渡月橋へ流れ込む保津川の峡谷である。
◎保津峡付近　1985（昭和60）年5月4日　撮影：野口昭雄

特急「はしだて」。国鉄特急色に細い赤帯を追加した485系改の183系が駆ける。特急「はしだて」は、1996（平成8）年に
山陰本線園部〜福知山間の電化とともに天橋立との間も電化したことで運転を開始。列車名は日本三景の天橋立にちなむ。
◎鍼灸大学前〜胡麻　2001（平成13）年11月24日　撮影：安田就視

国鉄特急色に細い帯が特徴的だった北近畿ビッグＸネットワークの183系。先頭車を改造した半室グリーンも写る。DC特急が走っていた山陰本線は電化によって一変。485系直流化改造の183系が活躍し、近畿北部の特急ネットワークである北近畿ビッグＸネットワークを担った。
◎船岡〜園部
2001（平成13）年11月24日
撮影：安田就視

特急「きのさき」は電化に合わせて登場した京都〜城崎（現・城崎温泉）間の特急。写真は、183系時代でJR西日本色。使用された183系は、183系新製車ではなく、交直流特急形電車の485系を直流オンリーに改造した車両だった。写真は増結の6両編成にて単線電化区間を走るシーン。◎鍼灸大学前〜胡麻　2001（平成13）年11月24日　撮影：安田就視

113系3800番台のクモハ112＋クモハ113の2両編成で福知山ワンマン色。113系800番台のモハ113＋クモハ112から改造されたワンマン車。写真1両目のクモハ112形3800番台は113系先頭車の顔だが、2両目のクモハ113形3800番台は中間車モハ113形800番台からの先頭車改造車で、一風変わった切妻非貫通の3枚窓が特徴だった。
◎鍼灸大学前〜胡麻
2005（平成17）年2月18日

113系5300番台。300番台として以下の改造を行った車両で、後の改番で5300番台になった。モハ113形とモハ112形を先頭車化してクモハ113形＋クモハ112形の編成にしたワンマン車。モハにクハの顔を付けた。湘南色にクリーム帯の塗色は、ワンマン車であることを示すためだ。前部の客用乗降扉を運転台方へ少し移設したのも、運転士一人によるワンマン運転用に改造したからである。
◎山家〜綾部
2004（平成16）年7月18日

JRマークが入ったキハ58系による普通列車と桜。国鉄急行色と桜の取り合わせはとても身近で日本的な鉄道風景のように思う。平成に入ってまもなくの山陰本線。当時は非電化ならではの趣が残っていた。
◎立木
1989（平成元）年4月8日
撮影：西原 博

和知駅は、急行「丹後」の一部や臨時急行が停車する駅だった。写真は京都方面を見た駅構内で、島式ホームには京都方面へ向かうDD51＋旧型客車が写る。写真右側は単式ホームで、トラス橋を渡ってきたキハ58系が向かっている。なお、この橋梁のトラスなどはその後の取り換えで姿を消し、現在この橋梁にトラスはない。なお、駅の福知山方にあるトラス橋とは形が異なった。◎和知　1982（昭和57）年８月　撮影：安田就視

絵入り愛称マークを付けたキハ181系特急「あさしお」。綾部〜福知山間の電化を翌月に控えてすでに架線柱や架線が見られる綾部駅構内。翌年には園部〜綾部間も電化し、気動車特急「あさしお」は新規の電車特急に統合されるかたちで1996（平成8）年に廃止となった。◎綾部　1995（平成7）年3月31日　撮影：伊藤威信

D51牽引の貨物列車。かつての山陰本線では蒸気機関車が走る姿は日常的なものだった。高津駅は1958（昭和33）年に綾部〜石原間に新設された駅。同駅を含む綾部〜福知山間は写真当時から複線で、1968（昭和43）年に綾部〜石原間、翌年に石原〜福知山間が複線化されている。なお、石原と書いて「いさ」と読む難読駅名だ。
◎高津〜綾部
1972（昭和47）年3月10日
撮影：安田就視

貫禄が漂う昔日の綾部駅構内で、非電化国鉄時代。写真のキハ47の横には主要駅でよく見られたホームの洗面所が写っている。現在は、橋上駅舎化とともにプラットホームもシンプルになったが、かつては堂々たる2階建ての地上駅舎で、ホームの上屋が大きく、中線があり、駅北側は貨物ヤード（写真右側）だった。キハ58系による気動車急行が全盛の頃は、舞鶴線やその先の宮津線（現・京都丹後鉄道）と直通する気動車急行が分割併合するなど、常にディーゼル音が響き渡っているような活気に包まれていた。◎綾部　1984（昭和59）年1月30日　撮影：安田就視

キハ181系特急「まつかぜ」。特急「まつかぜ」には福知山線経由と播但線経由があり、写真は福知山線経由の列車。福知山線経由は6両編成の大阪〜米子間と、9両編成の新大阪・大阪〜博多間（米子で3両解結）があった。地上駅時代の福知山駅も今や懐かしい。◎福知山　1983（昭和58）年8月28日　撮影：伊藤威信

舞鶴線電化に際して115系を改造した車両で、切妻タイプの前面を持つクモハ114形6000番台とクモハ114形6500番台が登場した。種車の原番号＋5000が岡山電車区所属車の改造車、6500番台は網干電車区所属車から改造された。◎福知山〜石原　2002（平成14）年11月5日　撮影：安田就視

梁瀬駅は、和田山駅の京都方隣駅。DD51＋旧型客車による普通列車浜坂行が特急「あさしお」京都行の通過待ちをしている。島式ホームからの撮影。短編成化の昨今、前寄りの客車がはみ出して停車するシーンが懐かしい。「あさしお」はキハ80系で、翌年にはキハ181系が投入される。国鉄時代の日常風景だった「あさしお」と旧型客車との行き違いシーンだが、今見るとまさに昭和だと感じるひとコマである。◎梁瀬　1981（昭和56）年

電化単線区間を走る特急「北近畿」。1986（昭和61）年の城崎電化によって登場した福知山線経由の電車特急。近畿北部の特急ネットワークを形成する北近畿ビッグＸネットワークのマークが運転室下に見える。国鉄特急色に加えて細い赤帯が１本加わった塗色。485系交直流特急形電車を直流専用改造した異色の183系で運転された。現在は「こうのとり」として287系や289系で運転される。◎江原～八鹿　2002（平成14）年11月３日　撮影：安田就視

写真右側の「わだやま」の鳥居型駅名標が懐かしいが、和田山駅は比較的早くに駅舎を改築し、1976（昭和51）年改築の現駅舎が列車の向うに写る。播但線の分岐駅で、駅名標の次駅案内左には、播但線の竹田駅が記されている。客車から噴き出す蒸気暖房の水蒸気が今や懐かしいシーンだ。◎和田山　1983（昭和58）年11月23日　撮影：西原 博

円山川を挟んだ玄武洞公園側から玄武洞駅を遠望した景色。玄武洞
は国の天然記念物であり、付近一帯は景勝地として知られる。対岸
の玄武洞駅を発車したDD51＋旧型客車の普通列車が写り、写真左側
には駅付近の渡し船のりばから出航した渡船が写る。
◎玄武洞付近　1983（昭和58）年10月31日　撮影：安田就視

日本海の入江に面した鎧駅を発車したDF50牽引の下り列車を後追い。餘部、浜坂方面へ向けてトンネルへ入るシーン。機関車次位は荷物・郵便車。於伊呂トンネルなどをくぐり抜けると余部橋梁だ。
◎鎧　1963（昭和38）年4月28日　撮影：西原 博

海岸を左眼下に見て鎧から餘部へ向けて走る下り気動車。荒々しい断崖の風景が線路敷設の苦労を感じさせる。トンネルが連続する区間で、トンネルとトンネルの僅かな隙間に現れた香住海岸との写真。現在はスノーシェイドで覆われているところである。◎鎧～餘部　1963（昭和38）年4月28日　撮影：西原 博

矢田川を渡るキハ181系特急「あさしお」。米子・鳥取方面から日本海に沿って走り、余部橋梁や鎧駅を過ぎて香住の町に入るところ。「あさしお」は、山陰本線初の昼行特急としてキハ80系で登場。「やくも」に使用されていたキハ181系が伯備線電化によって転用された。◎鎧〜香住　1994（平成6）年4月25日　撮影：安田就視

現在、余部橋梁を通過する特急は「はまかぜ」のみだが、当時は写真の「あさしお」もあった。橋梁先の餘部駅から見たキハ80系時代の「あさしお」が写る。現在のプラットホームは写真左側の日本海側だ。余部橋梁が有名なため、戦前から駅が存在すると思う人が居るかもしれないが、1959（昭和34）年に新設された駅。駅名は姫新線の余部（よべ）駅と同じ漢字になるため、地名は余部だが駅名は餘部とした。◎餘部　1978（昭和53）年８月18日　撮影：安田就視

昔日の余部橋梁を渡るDF50牽引の列車。下り列車ではなく上り列車の撮影で、トンネルのある鎧側からの写真。よって海側は左側ではなく右側になる。列車は餘部駅を通過して鉄橋を渡るところ。当時の餘部駅は普通列車でも客車列車は通過し、後年は停車するようになった。◎餘部〜鎧　1963（昭和38）年4月28日　撮影：西原 博

海側が見たトレッスル橋の余部橋梁をDD51牽引の旧型客車が渡る。後方の車両は荷物車。41mの高さがあり、橋梁を渡る列車の音が付近に響き渡った。鉄道ファンのみならず多くの人の思い出に残る名鉄橋であったが、新橋梁の建設によって2010（平成22）年7月に橋梁としての長い役目を終えた。
◎餘部〜鎧　1978（昭和53）年8月18日　撮影：安田就視

気動車急行「白兎」（上り）を後追い気味で撮影した写真。米子発京都行（米子～倉吉間快速）だ。一方、下りの急行「白兎」
米子行（倉吉～米子間快速）の余部橋梁通過は18時台で撮影的に厳しい時間帯だった。「白兎」は準急時代からの列車愛称で、
日本神話「因幡の白兎」にちなんで命名された。◎鎧～餘部　1983（昭和58）年11月1日　撮影：安田就視

気動車急行「但馬」1号を後追い撮影。1号は姫路発播但線経由の浜坂行だった。一方、2号は余部橋梁を早朝の6時台に通過する鳥取発播但線経由の大阪行であった。また、大阪発浜坂行の「但馬」5号は、大阪を昼過ぎに発車、三ノ宮、神戸、明石に停車しながら複々線をディーゼル音とともに駆け抜け、姫路から播但線経由後の夕方には、城崎（現・城崎温泉）～浜坂間をグリーン車連結の普通列車となって餘部駅など各駅に停車していた。
◎餘部～鎧　1983（昭和58）年11月1日　撮影：安田就視

当時の山陰本線は旧型客車が残る聖地的な存在だった。青春18きっぷが浸透し始め、10代の若者でも気軽に長距離の旅を楽しめるようになり、旧型客車の人気がさらに高まった。写真はレッドトレインの50系とともに設計・製造された郵便・荷物合造車スユニ50＋荷物車マニ50の2両を連結した旧型客車による列車。3年後の1986（昭和61）年に山陰本線から旧型客車が引退した。◎鎧～餘部　1983（昭和58）年11月1日　撮影：安田就視

思わず見上げてしまう高い余部橋梁のトレッスル橋。1986（昭和61）年12月、余部橋梁を回送中だったお座席列車「みやび」
が突風によって転落。水産加工工場の従業員と車掌の計６名が死亡する事故が発生した。橋の下には慰霊碑があり、聖観世
音菩薩像が建つ。◎餘部〜鎧　1994（平成６）年４月25日　撮影：安田就視

グリーン車連結のキハ58系による普通列車722D。鳥取〜香住間は722D普通列車として走り、香住から702D急行「だい
せん」2号として福知山線経由で大阪へ向かう。ちなみに急行「だいせん」1号と4号は、米子〜益田間で急行ではなくな
り快速や普通になるが、米子で連結（4号）、切り離し（1号）するグリーン車や指定席普通車ではなく自由席乗車であれば新
大阪〜益田間を乗換えなしで乗車できるロングランな列車だった。
◎東浜〜居組　1985（昭和60）年4月28日　撮影：安田就視

福部～鳥取間の山間を抜ける特急「はまかぜ」で国鉄特急色のキハ181系。現在の浜坂～鳥取間の優等列車は特急「はまかぜ」1往復のみという寂しい状態だが、写真当時は特急「あさしお」を含む何本もの特急が走っていた。山には桜の木が写り、春らしい景色だ。◎福部～鳥取　1994（平成6）年4月　撮影：安田就視

湖山池に沿って走る山陰本線。今から40年以上前の景色。現在は右側に住宅が増えたものの、当時の雰囲気を残している。写るキハ58系は急行「白兎」。湖山駅の西、湖山～末恒間には、1995（平成7）年に鳥取大学前駅が開業している。
◎末恒～湖山　1979（昭和54）年4月29日　撮影：安田就視

キハ47の2両編成。体質改善工事が施工される前のキハ47で今や懐かしい。現在は体質改善工事によって特に側面スタイルが変わり、戸袋窓が埋められ、側窓の形態も変わった。下段の窓が固定され、上段窓が下降するタイプになり、座席に座りながら下段窓から直接風を受けることができなくなった。それでもキハ47は国鉄型の生き残りであり、末永く走ってほしいものだ。◎浜村～青谷　1994（平成6）年4月　撮影：安田就視

大阪と鳥取・倉吉を結んだ特急「エーデル鳥取」。非電化区間のサービス向上を目的に登場した特急用車両で、キハ65形からの大幅な改造車であった。座席は階段状に設置され、それに合わせた窓を配置し、展望室とした。
◎浜村〜青谷　1994（平成6）年4月　撮影：安田就視

東郷湖を遠望する風景の中を走るキハ58。写真は国鉄時代だが、山陰本線ではJR化後も長きに亘りキハ58が現役だった。撮影地に咲く梨の花が癒される。現在は羽合町、泊村、東郷町が合併して湯梨浜町になっている。
◎松崎〜倉吉　1981 (昭和56) 年4月21日　撮影：安田就視

キハ58系３両編成で走る快速「わかとりライナー」。時刻表では快速表示だけで列車名の掲載は無かったが、鳥取県でわか とり国体が開催された1985（昭和60）年に運行を開始。その後の快速「とっとりライナー」に通じる列車である。 ◎倉吉〜下北条　1987（昭和62）年８月　撮影：安田就視

天神川を渡るキハ181系による快速。特急用車両の間合い運用で、愛称幕表示がなく蛍光灯が丸見えになっているのがわかる。撮影の年の4月、国鉄分割民営化によってJR西日本が発足。車体にはJRのロゴマークが見られる。
◎倉吉〜下北条　1987(昭和62)年8月　撮影：安田就視

日本海と異なる穏やかな表情の東郷湖湖畔を走るキハ187系特急「スーパーまつかぜ」。手前には梨の花畑が広がる。2001（平成13）年にキハ187系で運行が開始された特急「スーパーくにびき」が2003（平成15）年10月から特急「スーパーまつかぜ」になった。鳥取〜米子・益田間で運行される。◎倉吉〜松崎　2004（平成16）年4月10日　撮影：安田就視

倉吉より西の区間で、加勢蛇（かせち）川を渡るキハ58系。写真の区間の先、八橋あたりとは異なり、山陰本線は国道9号や日本海とはやや離れたところを走っている。東の倉吉駅が国道9号や日本海から大幅に離れた内陸で、倉吉〜下北条間で一気に日本海の方向へ北上するものの、八橋で海が見えるまでは海沿いの景色とお別れになる。
◎浦安〜由良　1990（平成2）年12月　撮影：安田就視

佐陀川を渡るキハ187系特急「スーパーおき」。2001（平成13）年に「スーパーくにびき」（現・「スーパーまつかぜ」）とともにキハ187系で運転を開始。当初は米子〜小郡（現・新山口）間の運行で写真の区間では運行されていなかった「スーパーおき」だが、写真の前年にあたる2003（平成15）年10月に一部列車が鳥取〜新山口間の運行に変更された。
◎淀江〜伯耆大山　2004（平成16）年5月1日　撮影：安田就視

伯備線との分岐駅伯耆大山
からは電化複線区間。日野
川には橋梁が並列し、伯備
線の特急「やくも」も通る。
写真は高速化事業で登場し
た新型気動車キハ126形で、
架線の下を気動車が走る。
◎伯耆大山〜東山公園
2004（平成16）年5月1日
撮影：安田就視

日野川を渡る伯備線直通の普通電車。顔は103系似だが、115系モハ114形1000番台に運転台を取り付けた改造車でクモハ114形1000番台。カフェオレ色とも呼ばれたJR西日本更新色である。パンタグラフは集電用のほか霜取り用が付く車両があり、2基のパンタグラフを上げて走っている。◎伯耆大山〜東山公園　2004（平成16）年5月1日　撮影：安田就視

285系寝台特急電車「サンライズ出雲」。東京〜岡山間では「サンライズ瀬戸」と併結運転で、岡山で分割後に伯備線を経由して山陰本線に入る。写真当時はDD51牽引の寝台特急「出雲」が1往復残っており、京都から山陰本線をひた走り東京と山陰地方を結び、伯備線経由の285系「サンライズ出雲」とブルートレインの「出雲」の両列車が写真の区間を走っていた。
◎伯耆大山〜東山公園　2004（平成16）年5月2日　撮影：安田就視

キハ126系「とっとりライナー」。キハ126系は山陰本線の高速化のために沿線の島根県と鳥取県による資金が投入された気動車。写真は片運転台のキハ126形。◎伯耆大山〜東山公園　2004（平成16）年5月1日　撮影：安田就視

気動車特急のイメージが強い山陰本線にあって、電化区間は伯備線経由の381系特急「やくも」が走り、撮影においてもよいアクセントになる。写真は、緑とグレーに黄色の帯色だった時代の381系特急「やくも」。現在はさらにグレードアップを図った「ゆったりやくも」編成になり、塗色も変更されている。
◎伯耆大山〜東山公園　2004（平成16）年５月２日　撮影：安田就視

当時は国鉄時代で、まだ東山公園駅は開業しておらず、駅間は伯耆大山〜米子間。橋梁向うに雄大な大山が聳え、グリーン車を連結したキハ58系が日野川を渡る。写真後ろから４両目に急行用ではないキハ23らしき両運転台の気動車が連結されている。
◎伯耆大山〜米子
1981（昭和56）年
撮影：安田就視

米子は重要な中国地方の鉄道拠点で、国鉄時代は米子鉄道管理局が置かれ、その後はJR西日本米子支社（現・JR西日本山陰支社）になった。写真はDF50形500番台の507号機。500番台は西ドイツMAN社と提携したエンジンを搭載した。DF50に牽引される回送車両が写る。後藤工場（現・後藤総合車両所）は米子駅に近い境線沿線にある。
◎米子　1979（昭和54）年2月17日　撮影：長渡 朗

電化区間を走る寝台特急「出雲」。写真
当時の「出雲」は、東京～出雲市間運行
の14系（JR西日本車）と東京～浜田間運
行の24系25形（JR東日本車）があり、写
真は14系による「出雲」3号で増結なし
の通常期の8両編成。3号と2号の1往
復は、後に285系「サンライズ出雲」の
登場で運行を終了した。なお、「出雲」
の写真ではDD51×2の写真が時々ある
が、基本は単機で、回送などがあると2
両になった。
◎米子～安来
1994（平成6）年4月
撮影：安田就視

飯梨川を渡るキハ47＋キハ45。後ろの
キハ45はキハ47よりも旧型の気動車。
数はキハ47に比べて少ないが、各地に配
置され、JR化後も比較的長く運用されて
いた。キハ47の車体下部が絞ってあるの
に対して、キハ45はズドンと真っ直ぐで、
その違いが写真からもよくわかる。
◎安来〜荒島
1990(平成2)年12月
撮影：安田就視

蓮華草が広がる風景を走る181系特急
「いそかぜ」。特急「まつかぜ」の運転系
統が分割されたことに伴い1985（昭和
60）年に登場した。米子〜博多間で運行
されていたが、写真当時は米子〜小倉間
での運行であった。2001（平成13）年に
益田〜小倉間に変更、2005（平成17）年
に廃止された。
◎米子〜安来
1994（平成6）年4月21日
撮影：安田就視

山陰本線を走る115系近郊形電車。山陰本線伯耆大山〜西出雲間は電化路線。伯備線直通米子発着以外にも米子〜西出雲間で普通電車が運行されている。山陰本線に湘南色の電車という少し風変わりな取り合わせを塗色変更まで見ることができた。
◎米子〜安来
1994（平成6）年4月8日
撮影：安田就視

特急「やくも」は1972(昭和47)年に気動車特
急としてスタート。1982(昭和57)年に伯備線
と山陰本線の電化によって381系特急形電車で
の運行を開始した。現在、リバイバルで復活国
鉄特急色が運転中の特急「やくも」だが、写真は、
カラフルなリニューアル色が登場する前の国鉄
特急色の時代。ただし、この当時の座席は新製
当時のオリジナルのままではなく、若干の改良
が加えられていた。
◎安来〜米子
1994(平成6)年4月
撮影：安田就視

キハ23が写る1982（昭和57）年当時の東松江駅の様子。1973（昭和48）年に松江駅の高架化工事により貨物取扱い業務が移管され馬潟駅から東松江駅へ改称した。貨物列車が設定されていた時代の写真で、写真右側には現役の貨物側線が写る。プラットホームに立つ名所案内には延命長寿の信仰で知られる武内神社の案内が見てとれ、その向こうには三菱のマークが入ったタンクが並ぶ。◎東松江　1982（昭和57）年10月14日　撮影：安田就視

宍道湖湖畔を走るDF50形58牽引による上り列車。DF50形0番台で、焼玉エンジンの音に似たズルツァー型エンジンを搭載。
当時のDF50形はぶどう色で、亜幹線の無煙化を進める目的で山陰本線でも活発に運用されていた。
◎宍道付近　1963（昭和38）年4月29日　撮影：西原 博

宍道駅は木次線との乗換駅で、一部を除く381系「やくも」も停車。写真は4・5番ホーム（写真右側）が存在した頃の駅構内。現在、4・5番ホームの跡は月極駐車場の出入口に利用されており、4・5番ホームへ向けての跨線橋も残るが、定期券購入者で駐車場契約者の専用通路で、条件以外の場合は、2・3番ホームへの跨線橋までしか利用できない。そして、写真右側に広がる線路は舗装されて月極駐車場になっている。
◎宍道
1990（平成2）年12月
撮影：安田就視

宍道湖の湖畔を走る115系湘南色。宍道湖と湘南色の取り合わせも、今や懐かしいシーンだ。湖側の道路は国道9号。同じく電化区間の山陰本線京都口とは異なり、こちらでは山陰本線伝統の気動車がまだまだ主力。その合間を縫うように電車による普通列車が走っているので、気動車のDの列車番号が並ぶ時刻表欄の中に電車のMの列車番号を探す楽しみがある。
◎来待〜宍道
1990（平成2）年12月
撮影：安田就視

グリーン車を連結したキハ58系4両編成が斐伊川を渡る。写るのは急行「美保」で、写真当時は福知山〜出雲市間を1往復していた。撮影2年後の1980（昭和55）年には鳥取〜出雲市間に短縮。さらに2年後の1982（昭和57）年に廃止された。
◎出雲市〜直江
1978（昭和53）年9月17日
撮影：安田就視

出雲平野を走るDF50牽引の717列車。出雲平野は古くから稲作が行われてきた穀倉地帯として知られる。717列車は大阪と大社を結んだ夜行普通列車。後に急行「しまね」に格上げされる。
◎出雲市付近　1963（昭和38）年4月29日　撮影：西原 博

非電化時代の斐伊川橋梁を渡るキハ181系「やくも」。1972（昭和47）年の山陽新幹線岡山開業により伯備線を経由して岡山〜出雲市〜益田間を結ぶ特急として登場。当時は伯備線や山陰本線電化区間が非電化で、気動車特急としてデビュー。気動車時代からL特急で、気動車によって全列車が運行される特急で初のL特急だった。
◎直江〜出雲市　1978（昭和53）年9月17日　撮影：安田就視

日本海に沿った有名撮影地を走るキハ58系「しまねライナー」。米子〜益田間の広範囲で運行され、後に「石見ライナー」になった。2001（平成13）年にキハ126系化されて「アクアライナー」となり、現在は普通列車に格下げされるとともに列車名が消滅している。
◎田儀〜小田
1990（平成2）年12月
撮影：安田就視

静間川を渡るキハ47の2両編成。キハ47の原型時代で、オリジナルの側面窓や戸袋窓が写り、屋根上には通風器が並んでいた。JR西日本で現在運用されるキハ47は体質改善工事施工車で、原型で見られたそのどれもが無くなった。また、当たり前だった山陰本線各地でのキハ47さえも、2022（令和4）年に西出雲〜益田間の運行が無くなり、時の流れを感じる。
◎大田市〜静間
1990（平成2）年12月
撮影：安田就視

国道9号と松並木に沿って走るキハ58系快速「しまねライナー」。松並木が写るが、日本海とは離れている。ヘッドマーク付の快速だったが、時刻表には「しまねライナー」の名は記載されていなかった。1997（平成9）年に「石見ライナー」へ改称。「石見ライナー」は時刻表に列車名が記載されていた。◎敬川～都野津　1990（平成2）年12月　撮影：安田就視

日本海を背景に高い築堤を走行中のキハ181系特急「おき」。内陸の温泉津、湯里を走ってきた列車は、馬路駅が近づくと日本海の水平線が車窓に一気に現れ、打ち寄せる白波が美しい砂浜に沿って走る。馬路駅付近の砂浜は、鳴き砂で有名な琴ケ浜で日本の音風景100選に選定されている。
◎湯里〜馬路
1994（平成６）年４月
撮影：安田就視

日本海を望む風景の中、キハ20＋キハ40による列車が発車する。写真は冬場で海水浴場の最寄り駅は鄙びた雰囲気だが、10年後の2000（平成12）年にしまね海洋館アクアスが駅近距離に開館し、特急が停車するようになった。
◎波子　1990（平成２）年12月　撮影：安田就視

波子と書いて「はし」と読む。列車交換中の島式ホームにキハ47とキハ20が写る。波子海水浴場の最寄り駅で、写真の前年
にあたる1989（平成元）年8月号の時刻表を見ると、三次〜波子間に三江線経由の臨時快速「波子ビーチ」号が1往復運行
されていた。◎波子　1990（平成2）年12月　撮影：安田就視

大井川を渡るD51形243号機。D51や客車がやや斜めになるのが写真構図的にも格好が良い。同機は長門機関区配置で、翌年に休止を経て廃車。当時はSLブームの時代であり、遥々移設展示のために静岡県の伊豆へ渡り、その後は静岡県伊豆市の天城ふるさと広場に移って展示されている。◎長門大井〜越ケ浜　1973（昭和48）年11月15日　撮影：安田就視

折居から三保三隅へ向けて定番撮影地
を走るDF50＋旧型客車。米子機関区配
置のDF50で、MAN型エンジンの500番
台。客車の扉が開いたままで走行してい
るシーンが写る。当時はごく当たり前の
姿で、旧型客車の扉は手動。駅で降車し
た乗客が閉めることは少なく、プラット
ホームから走り始めた客車の扉へ向かっ
て飛び乗ることが日常的なことだった。
電車や気動車とは異なり、機関車牽引の
客車は、独特のゆったりした加速で、蒸
気機関車時代からの慣例になっていた。
◎折居～三保三隅
1973（昭和48）年11月14日
撮影：安田就視

下府と書いて「しもこう」と読む。カーブを描きつつ下府川を渡るキハ181系特急「おき」。特急「おき」は1975（昭和50）年に鳥取・米子～小郡間を山口線経由で運行する特急として登場した。運転開始当初はキハ80系であったが、翌年からキハ181系に。2001（平成13）年にキハ187系を使用した「スーパーおき」になった。
◎下府～浜田
1990（平成2）年5月
撮影：安田就視

写真左が三保三隅方面、右が折居方面。折居から三保三隅に向かって日本海沿いをD51牽引の貨物列車が走る。日本海に棚引く煙が何とも郷愁を誘う。ここも昔から知られた有名撮影地で、現在は撮影スポットに道の駅があり、観光客もカメラを向けるスポットになっている。◎三保三隅～折居　1973（昭和48）年11月14日　撮影：安田就視

比較的遅くまで国鉄型車両の宝庫だった山陰本線。数々の国鉄型車両が駆け抜けたお立ち台からの眺め。現在の主役は山陰本線の高速化事業で登場した新型気動車たち。車両は変わったが、今も昔も山陰本線らしい絶景スポットである。◎三保三隅～折居　2004（平成16）年4月28日　撮影：安田就視

キハ58系快速「しまねライナー」で、後の快速「石見ライナー」である。写真当時は、グリーン車を連結しないキハ58系急行「さんべ」や「ながと」が運転されており、急行券が必要のない「しまねライナー」は少し得した気分になれる列車だった。
◎三保三隅〜折居　1990（平成2）年8月　撮影：安田就視

お立ち台からの構図で撮影後に、振り向いて撮影したものと思われる。過ぎ去る列車も撮影したくなるような日本海との景色。順光で撮影後に振り向いて撮影すると半逆光になって、ひと味違った写真が撮れる。現代の山陰本線の一般形気動車の主役はキハ126系。ステンレス車体に反射する光線が写る。
◎折居〜三保三隅　2004（平成16）年4月28日　撮影：安田就視

白波が広がる景色に沿って走り抜けるキハ120。地方交通線向けに導入された軽快気動車だが、幹線の山陰本線でも見られる。特に山陰本線出雲市以西、益田間では需要に適した気動車とされ、閑散区間の担い手として走り続ける。
◎三保三隅〜折居　2004（平成16）年4月28日　撮影：安田就視

キハ187系「スーパーまつかぜ」。「スーパーくにびき」から列車名が変更された列車で、国鉄時代に廃止された気動車特急「まつかぜ」とは同じ名ではあるが、系譜が異なる。ただし、「スーパーくにびき」から「スーパーまつかぜ」になったことで、往年の列車名が復活したことにはなる。◎三保三隅〜折居　2004（平成16）年4月28日　撮影：安田就視

日本海に沿って走る山陰本線を国道9号側から撮影した写真。昔からよく知られた有名撮影地で、写真左奥には折居駅の駅舎や駅舎とホームを結ぶ跨線橋が写っている。当時はJR各支社のオリジナルカラーを施したキハ58系が活躍し、写真は広島支社急行色のキハ58系。広島ということで、もみじをイメージした赤色塗装が印象的だった。
◎折居～周布　1990（平成2）年8月　撮影：安田就視

ワムやタンク車を連結して走るDD51。二軸車ならではの小刻みなジョイント音が聞こえてきそうだ。写真当時はすでに全
国各地のヤード集結形の貨物輸送は廃止後で、専用線発送車扱貨物が見られ、パレットによるフォークリフトでの積み降ろ
しができるワム80000が各地で見られた。◎折居〜周布　1990（平成２）年８月　撮影：安田就視

写真右が折居方面で、左が三保三隅方面。三保三隅方面から走ってきたＤ51牽引の貨物列車を後追いした写真。湾入した日
本海を望める有名撮影スポット（お立ち台）のあたりから振り向くとこのような構図になる。岩肌の松などが見渡せ、風光明
媚だ。◎折居〜三保三隅　1973（昭和48）年11月14日　撮影：安田就視

山陰本線のキハ58系。急行から快速、普通列車まで長い期間幅広く運用され続け、国鉄王国と呼ばれた山陰本線を支え続けてきた形式。山陰本線を行く旧型客車が姿を消した後でも多くの国鉄ファンが訪れたのは、まさしくこのキハ58系が日常的に現役だったからだろう。◎三保三隅〜折居　1994（平成6）年4月　撮影：安田就視

トンネルから続くカーブと湾入した日本海との景色は、まるでジオラマのような素晴らしい鉄道風景。写るのは、キハ181系の特急「くにびき」。1988（昭和63）年に米子〜益田間で運転を開始した。写真の「くにびき」はオール国鉄特急色時代で、末期はJR西日本色との混色編成が見られた。◎三保三隅〜折居　1994（平成6）年4月19日　撮影：安田就視

カーブを曲がって迫りくるD51形665号機牽引の貨物列車。煤けた黒い貨車たちも今や懐かしい昭和の記憶。D51形665号機は新見機関区から浜田機関区へ転属して運用されていた時代。翌年に廃車になっている。
◎石見津田～益田　1973（昭和48）年11月14日　撮影：安田就視

高津川を渡る貨物列車を牽引するD51。プレートガーダー橋が連続する長い橋梁を蒸気機関車牽引列車が渡る姿はなかなか見応えがあった。無煙化の足音が聞こえ始めていた頃だが、蒸気機関車が鉄橋を渡る音を日常的に聞くことができた時代だった。◎戸田小浜〜益田　1973（昭和48）年11月14日　撮影：安田就視（下の写真とも）

DD51形1106号機に牽引された旧型客車の普通列車が到着。上り列車で、飯浦駅は山口県から島根県に入ってはじめての駅。
当時は長距離の普通列車を客車列車が担い、豊岡行、福知山行もあった。単式ホームの背景に写る桜が春の旧型客車の旅を
感じさせてくれる。◎飯浦　1981（昭和56）年4月23日　撮影：安田就視

戸田小浜から飯浦にかけては、日本海の
荒々しい絶景に沿って走り、写真からも
その雰囲気が感じられる。D51のドラ
フト音と棚引く煙、そして日本海の自然、
まさしく山陰本線らしい力強い鉄道風景
だ。この海岸線を通り抜けると、須佐ま
では内陸部に入り、しばし日本海の景色
とお別れになる。
◎戸田小浜〜飯浦
1973（昭和48）年11月14日
撮影：安田就視

浜田行のサボが掛かるオハニ36。60系の荷物室合造車で、座席はスハ43系同様のものを使用した元優等列車用。当初は
TR11の台車でオハニ63だったが、台車をTR52にしてオハニ36となった。
◎飯浦　1981（昭和56）年4月23日　撮影：安田就視

惣郷川橋梁。山陰本線東部の余部橋梁に対して西部の有名橋梁と言える。架橋当時、実例が少なかった鉄骨コンクリートラーメン橋が選択されたのは 波浪と塩害を考慮したからで、コンクリートを吹き付けたプレートガーダー橋では長持ちせず、コンクリート製のトラス橋では構造が複雑で、海岸に立地する自然環境下での高所保守作業が厳しいと判断されたためである。編成の最後尾にキハ35が連結されている。◎須佐〜宇田郷　1981（昭和56）年4月23日　撮影：安田就視

石州瓦の民家の向うに鉄骨コンクリートラーメン橋の惣郷川橋梁が写り、DD51＋旧型客車が渡る。波浪や塩害の被害が予想される海沿いに橋が架橋されたのは、川の上流では橋の両側でトンネルを掘削する必要があり、それを避けたのが理由だった。◎宇田郷～須佐　1981（昭和56）年4月23日　撮影：安田就視

D51牽引の客車列車。日本を代表した貨物用の機関車だが、蒸気機関車末期は旅客列車でも運用されていた。日本の鉄道では珍しいラーメン橋とD51の取り合わせ。建設当時は大変珍しい橋梁として注目された。
◎宇田郷～須佐　1974（昭和49）年1月5日　撮影：野口昭雄

旧型客車を連ねて日本海沿いを走るDD51。当時はまだまだ客車列車が多く、気動車列車と分担して運用されていた。機関車次位には荷物車が連結され、須佐、宇田郷の両駅でも荷物扱いをしていた。背景には湾に築かれた突堤が写り、海岸の浸食を防ぐとともに防波堤でもある。DD51の脇に写る道には、夏みかん色の黄色いガードレールが見られ、山口県の県道の特徴だ。
◎須佐～宇田郷
1981（昭和56）年4月23日
撮影：安田就視

コンクリートラーメン構造の惣郷川橋梁を見上げた構図。キハ58系7両編成がカーブした橋梁を渡る。海岸はすぐそこ。余部橋梁よりも海岸が近く、海側からの波浪や塩害をダイレクトに受ける環境だ。
◎須佐〜宇田郷
1974（昭和49）年1月5日
撮影：野口昭雄

宇田郷の読みは「た」が濁らない「うたごう」だ。宇田郷〜木与間も日本海の海岸線にずっと沿いながら走る区間。山陰本線を西へ西へと旅を進めると、山陰西部の鄙びた良さが広がり、遥々やってきたという気持ちに包まれる。写真のような蒸気機関車牽引の旧型客車の旅なら、その気持ちは尚更だろう。
◎宇田郷〜木与
1973（昭和48）年11月15日
撮影：安田就視

折居～周布に似た景色だが、ここは宇田郷～須佐。列車は写真右側の須佐方面から宇田郷へ向かう。荷物車以外は青で統一された客車が連なる見映えのする編成だ。機関車を前にした写真も良いが、このように後追いした写真が似合うのも、旧型客車らしい良さだろう。そして、このあたりの日本海との景色も素晴らしい。
◎宇田郷～須佐　1981（昭和56）年4月23日　撮影：安田就視

春の陽光に輝く石州瓦の家並を抜けるキハ58系急行「さんべ」。国鉄急行色が褐色の屋根にマッチしている。午前の光線のようで、米子発小倉行の1号だとわかる。特急は「まつかぜ」1往復（1号と4号）のみで、急行が身近な速達列車の使命を担っていた時代である。◎宇田郷～木与　1981（昭和56）年4月23日　撮影：安田就視

阿武川を渡る急行「ながと」。当時の「ながと」は、下りが浜田〜小倉（下関〜小倉間は普通列車）、上りが下関〜益田間の運行だった。同じく山陰地方の西部を結んだ急行「さんべ」では、当時、臨時夜行の博多発1本（客車列車）を除いて九州と直通しない下関発着で、「ながと」が下関〜小倉間普通列車ながら九州まで直通していた。「さんべ」は元々グリーン車連結の急行だったが、当時は写真の「ながと」同様にグリーン車なしの急行であった。
◎東萩〜萩　1987（昭和62）年11月24日　撮影：安田就視

50系客車が阿武川を渡る。50系は旧型客車の置き換え用に登場し、レッドトレインと呼ばれた。通勤需要に対応したセミクロスシート車だが、座席はほぼボックスシートで、車端部にロングシートを配置。セミクロスシートと言っても、デッキ付2扉のため、113系などの3扉を持つ近郊形のセミクロスシート車とは雰囲気が異なる。DD51側からオハフ50＋オハ50＋オハ50＋オハフ50＋マニ50の編成が写る。最後尾は50系の荷物車マニ50。手動扉だった旧型客車に対して、50系客車の客用扉は自動ドアで、緩急車のオハフ50には客用扉の自動開閉を行うスイッチがある。
◎萩〜東萩　1985（昭和60）年5月　撮影：安田就視

D51牽引の客車列車が三見駅を発車。離れた右側に腕木式信号機が立っている。山から俯瞰した写真で、写真右奥が三見駅。
カーブした区間に駅が設置され、プラットホームもカーブしている。漁港は密集する民家の左側だ。
◎三見〜飯井　1973（昭和48）年11月5日　撮影：安田就視

長門市から黄波戸にかけての構図だが、写真は黄波戸から長門市へ向けて走る50系レッドトレインを後追いしたもので緩急車オハフ50の最後尾が写る。黄波戸駅から南下して、東へ進路を変えてしばらく走ると、50系の車内に潮風が吹き込み、夏の海と只の浜との爽快な景色が現れた。◎長門市〜黄波戸　1990（平成２）年８月　撮影：安田就視

川幅の広い粟野川を渡るキハ47の２両編成。右側は広島支社色。長門粟野駅を発車してしばらく走ったところに橋梁がある。写真を見ていると川幅が広いために日本海の河口のようにも見えてしまうが、日本海への注ぎ口はもっと先で、左右に川が分かれた先である。
◎長門粟野〜阿川
1990（平成２）年８月
撮影：安田就視

長門市駅から南西へ向かい美祢線と分かれた山陰本線は、今度は北西へ進路を変えて、やがて只の浜がつづく日本海沿いに出る。長門機関区配置のD51形797号機が牽引する列車。写真の翌々年にあたる1975（昭和50）年に廃車された。
◎長門市〜黄波戸　1973（昭和48）年11月15日　撮影：安田就視

真っ赤な塗色が印象的だったJR西日本広島支社色のキハ58系。このような支社別のカラーをまとったキハ58系も今や懐かしい。写真は急行「さんべ」で、鳥取〜下関間（鳥取〜米子間は普通列車）のロングランであった。列車名の由来は三瓶山から。かつてはグリーン車を連結した急行だった。◎阿川〜特牛　1990（平成２）年８月　撮影：安田就視

両運転台のキハ40の左上に写るのは響灘に沿う国道191号。一見すると島などへの橋のようだが、そうではない。山陰本線は特牛、滝部と内陸を走るが、国道191号は海沿いに建設された。山陰本線は長門二見駅を出ると直角的に線形を変えて海岸線に出て、海沿いを通ってきた国道191号と並ぶ。宇賀本郷の賀は「が」と濁らず「か」で、「うかほんごう」である。◎長門二見〜宇賀本郷　1986（昭和61）年７月　撮影：安田就視

響灘に沿って走るDD51＋50系客車。オハフ＋オハ＋オハフの編成。50系客車による上下の普通列車を撮影したもの。長門市〜下関間は長門市以東に比べて本数が多く、客車列車も多く走っていた。当時、時刻表を見ながら旅をすると、D（気動車）と付いていない数字だけの列車番号（客車列車）を探して乗車したものだった。
◎小串〜湯玉（上の写真）、湯玉〜小串（下の写真）ともに1990（平成2）年8月　撮影：安田就視

キハ47の原型広島色の次は、側窓の雰囲気からキハ40の体質改善工事施工車のようだ。すでにJR西日本のキハ40系の体質改善工事は始まっており、山陰本線西部のこのあたりにも施工車が入っていた。なお、現在の駅間には梶栗郷台地駅が開業している。◎安岡〜綾羅木　2001（平成13）年10月　撮影：安田就視

両運転台、両開き扉で1エンジンのキハ23。キハ20やキハ40との中間期に登場した気動車で、各地で配置されたもののキハ20やキハ40に比べて両数が少なく、どこかマイナーなイメージだったが、個人的には垢抜けないような素朴なイメージのこの気動車が好きで、広島支社色になって活躍していた時代も思い出だ。◎下関　1990（平成2）年8月　撮影：安田就視

2章

モノクロフィルムで記録された

山陰本線

海に近い鎧駅にDF50形50号機牽引の711列車が到着したところ。711列車は大阪発福知山線経由の普通列車だが、次の餘部駅には停車しなかった。1963（昭和38）年当時の駅構内が写り、駅舎側のプラットホームから見た角度。写真左奥の線路は貨物側線で貨物用ホームも写る。上り列車用のホームは2線の写真左側向こうで写っていない。海は写真左側の向こうである。◎鎧　1963（昭和38）年4月28日　撮影：西原 博

山陰本線の沿線地図
丹波口〜嵯峨付近 1965（昭和40）年

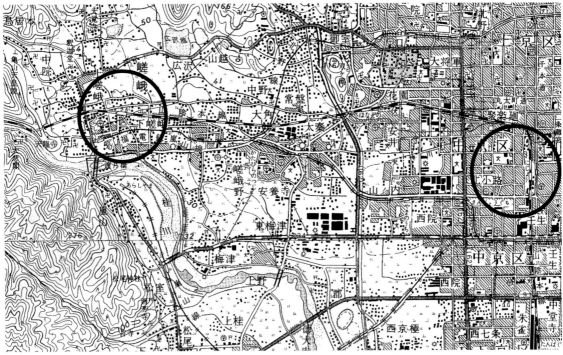

建設省国土地理院「1/50000地形図」

亀岡付近 1965（昭和40）年

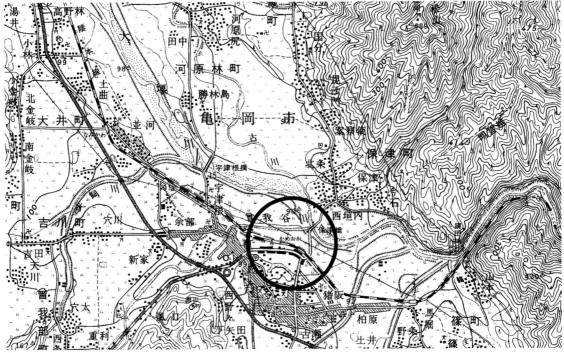

建設省国土地理院「1/50000地形図」

福知山付近 1965（昭和40）年

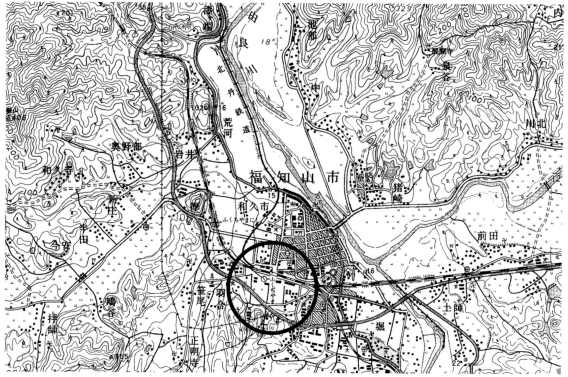

建設省国土地理院「1/50000地形図」

鳥取付近 1965（昭和40）年

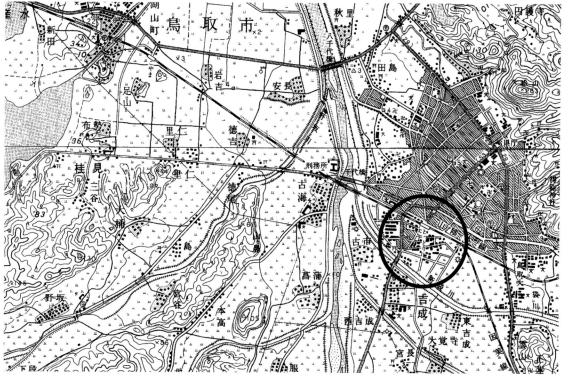

建設省国土地理院「1/50000地形図」

米子付近 1965（昭和40）年

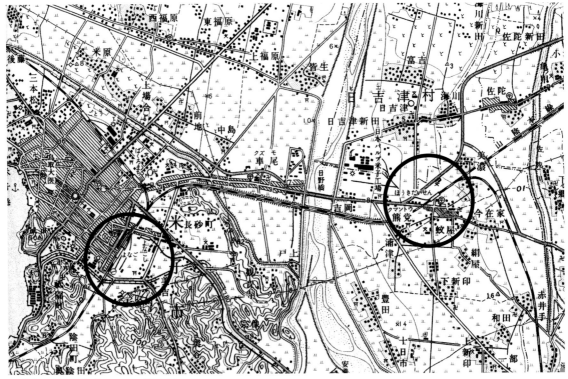

建設省国土地理院「1/50000地形図」

松江付近 1965（昭和40）年

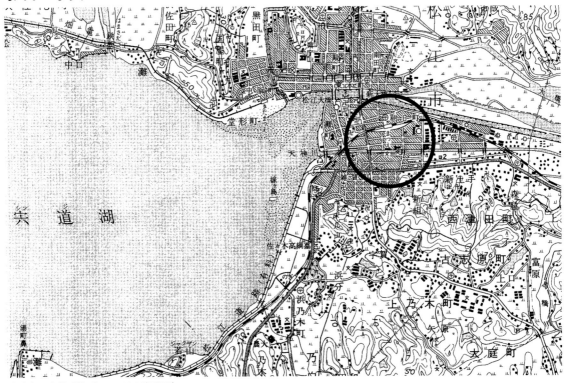

建設省国土地理院「1/50000地形図」

萩付近 1965 (昭和40) 年

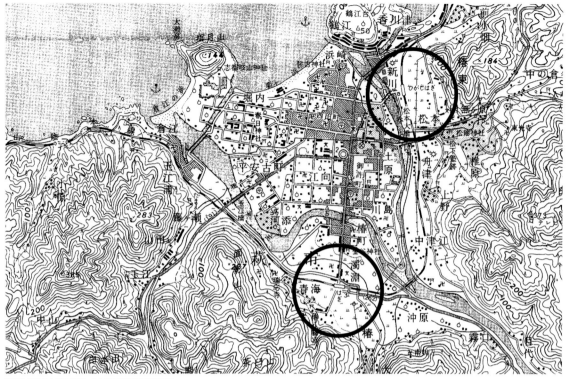

建設省国土地理院「1/50000地形図」

幡生、下関付近 1965 (昭和40) 年

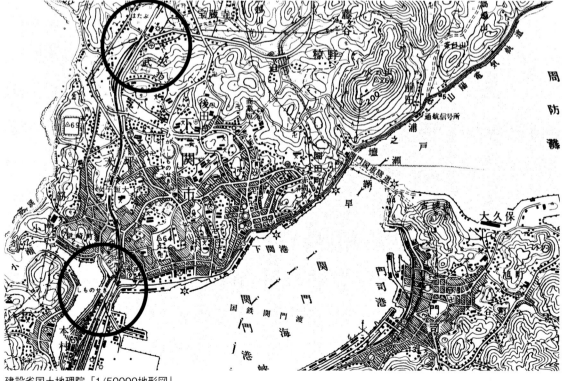

建設省国土地理院「1/50000地形図」

山陰本線の年表

1877(明治10)年2月6日	官設鉄道の神戸〜京都間が開通。
1888(明治21)年10月	京都府知事の北恒国道が『鉄道問答』を著し、京都〜舞鶴間の鉄道建設を訴えた。
1892(明治25)年6月21日	鉄道敷設法が公布。京都〜舞鶴間が近畿線の一部として、舞鶴〜豊岡〜鳥取〜松江〜浜田〜山口間が山陰線として予定線となる。
1892(明治25)年7月27日	京都府鉄道期成同盟会が結成される。
1893(明治26)年2月6日	鉄道会議において、舞鶴への鉄道を京都〜舞鶴間と決定。
1893(明治26)年7月14日	京都鉄道が京都〜舞鶴・宮津・和田山間の鉄道建設を出願。
1897(明治30)年2月15日	京都鉄道の二条〜嵯峨(現・嵯峨嵐山)間が開業。
1897(明治30)4月27日	京都鉄道の二条〜大宮(後に廃止)間が延伸開業。中間に丹波口駅が開業。
1897(明治30)年11月16日	京都鉄道の大宮〜京都間が延伸開業。官設鉄道の京都駅に乗り入れ開始。
1899(明治32)年6月22日	京都鉄道が未開業区間の建設費補助を政府に申請。
1899(明治32)年7月15日	阪鶴鉄道(現・福知山線)が福知山南口(後に福知と改称)駅まで延伸開業。
1899(明治32)年8月1日	京都鉄道の全列車が京都駅直通となり、大宮駅を廃止。
1899(明治32)年8月15日	京都鉄道の嵯峨〜園部間が延伸開業。亀岡駅、八木駅が開業。
1899(明治32)年9月22日	京都鉄道の駅設置を巡る対立から、篠村(現・亀岡市)で線路の置石事件が発生。
1900(明治33)年5月	陰陽連絡船として、境〜米子〜鳥取〜岡山〜姫路間が官設で着工。
1900(明治33)年11月30日	京都鉄道が園部より先の免許取り消しを出願。
1902(明治35)年3月7日	福知山〜舞鶴間を鉄道敷設法の第1期線に緊急編入し、官設での速成を決定。京都鉄道の未成区間の免許を取り消し。
1902(明治35)年11月1日	陰陽連絡線の境(現・境港)〜米子〜御来屋間が開業。淀江駅が開業。
1902(明治35)年12月1日	熊党(大山を経て現・伯耆大山)駅が開業。
1903(明治36)年6月	陰陽連絡線を「山陰縦貫線」に計画変更。境〜姫路の計画を境〜和田山に改め、和田山から西に向け着工。
1903(明治36)年8月28日	御来屋〜八橋(現・浦安)間が延伸開業。下市駅、赤碕駅が開業。
1903(明治36)年12月20日	八橋〜倉吉間が延伸開業。由良駅が開業。
1904(明治37)年3月15日	倉吉〜松崎間が延伸開業。
1904(明治37)年11月3日	官設鉄道の福知山〜綾部〜新舞鶴(現・東舞鶴)間が開業。石原駅が開業。阪鶴鉄道が福知山駅に乗り入れ開始。
1905(明治38)年5月15日	松崎〜青谷間が延伸開業。泊駅が開業。
1905(明治38)年12月20日	鉄道会議において、山陰線を本線に位置づけ、園部〜綾部間、福知山〜和田山〜青谷間、米子〜出雲今市(現・出雲市)間の建設を決定。
1906(明治39)年3月31日	鉄道国有法が公布され、京都鉄道、阪鶴鉄道の国有化が決定。
1906(明治39)年4月1日	山陽鉄道(現・山陽本線)の支線(現・播但線)の新井〜和田山間が延伸開業。
1907(明治40)年4月28日	青谷〜鳥取仮停車場間が延伸開業。浜村、宝木、湖山の各駅が開業。
1907(明治40)年8月1日	京都鉄道、阪鶴鉄道を国有化。
1908(明治41)年4月5日	鳥取(仮)〜鳥取間、米子〜安来間が延伸開業。境〜米子間を山陰線の支線とする。
1908(明治41)年7月1日	和田山〜八鹿間が開業。
1908(明治41)年11月8日	安来〜松江間が延伸開業。馬潟(現・東松江)駅などが開業。
1909(明治42)年7月10日	八鹿〜豊岡間が延伸開業。
1909(明治42)年9月5日	豊岡〜城崎(現・城崎温泉)間が延伸開業。
1909(明治42)年10月12日	線路名称制定。鳥取〜松江間を山陰本線、京都〜園部間を京都線、綾部〜福知山間を阪鶴線の一部、和田山〜城崎間を播但線の一部とする。
1909(明治42)年11月7日	松江〜宍道間が延伸開業。湯町(現・玉造温泉)駅が開業。
1910(明治43)年6月10日	鳥取〜岩美間、宍道〜荘原間が延伸開業。
1910(明治43)年8月25日	園部〜綾部間が延伸開業。殿田(現・日吉)、胡麻、和知、山家の各駅が開業。

1910（明治43）年10月10日	荘原～出雲今市（現・出雲市）間が延伸開業。直江駅が開業。
1910（明治43）年12月15日	鉄道会議において出雲今市～浜田間の建設を認可。
1911（明治44）年8月4日	長州軽便鉄道が山口県生野村（現・下関市）～深川村（現・長門市）間の免許を取得。
1911（明治44）年10月25日	福知山～和田山間、城崎～香住間が延伸開業。
1911（明治44）年11月10日	岩美～浜坂間が延伸開業。
1912（明治45）年1月23日	余部橋梁が竣工。
1912（明治45）年3月1日	浜坂～香住間が延伸開業。これにより京都～出雲今市間が全通し、同区間を山陰本線とする。
1912（明治45）年3月2日	玄武洞仮停車場が開業。
1912（明治45）年6月1日	倉吉軽便線（後の倉吉線）上井～倉吉（後の打吹）間、大社線出雲今市～大社間が開業。
1913（大正2）年11月21日	出雲今市～小田間が延伸開業。知井宮（現・西出雲）駅などが開業。
1914（大正3）年4月22日	長州鉄道が東下関～幡生～小串間を開業。綾羅木、安岡、川棚温泉などの駅が開業。
1915（大正4）年7月11日	小田～石見大田（現・大田市）間が延伸開業。
1915（大正4）年10月19日	長州鉄道の小串～深川村間の免許を取り消す。
1917（大正6）年5月15日	石見大田～仁万間が延伸開業。
1918（大正7）年11月25日	仁万～浅利間が延伸開業。黒松駅などが開業。
1919（大正8）年8月10日	伯備線伯耆大山～伯耆溝口間が開業。
1920（大正9）年12月25日	浅利～都野津間が延伸開業。石見江津（現・江津）駅が開業。
1921（大正10）年9月1日	都野津～浜田間が延伸開業。
1922（大正11）年3月10日	浜田～周布間が延伸開業。石見長浜（現・西浜田）駅が開業。
1922（大正11）年4月3日	保津川橋梁上で列車転覆事故が発生。30人以上の死傷者を出す。
1922（大正11）年9月1日	周布～三保三隅間が延伸開業。
1923（大正12）年12月26日	三保三隅～石見益田（現・益田）間が延伸開業。鎌手駅、石見津田駅が開業。
1924（大正13）年11月3日	美禰線（現・美祢線）の正明市（現・長門市）～長門三隅間が延伸開業。
1925（大正14）年3月8日	石見益田（現・益田）～石見小浜（現・戸田小浜）間が延伸開業。
1925（大正14）年4月3日	美禰線の長門三隅～萩間が延伸開業。
1925（大正14）年6月1日	長州鉄道の幡生～小串間が国有化され、小串線となる。
1925（大正14）年8月16日	小串線小串～滝部間が延伸開業。
1925（大正14）年11月1日	美禰線萩～東萩間が延伸開業。
1927（昭和2）年6月19日	戸田小浜～飯浦間が延伸開業。
1928（昭和3）年3月25日	飯浦～須佐間が延伸開業。
1928（昭和3）年9月9日	小串線滝部～阿川間が延伸開業。
1928（昭和3）年10月25日	大阪～石見益田間に急行が運転開始。
1928（昭和3）年12月9日	美禰線の支線として正明市～黄波戸間が延伸開業。
1928（昭和3）年12月25日	初の準急列車が運転開始。
1929（昭和4）年4月24日	美禰線東萩～奈古間が延伸開業。
1929（昭和4）年8月17日	松尾山信号場（現・保津峡駅）を設置。
1929（昭和4）年10月13日	美禰線の支線黄波戸～長門古市間が延伸開業。
1929（昭和4）年12月15日	宮津線（現・北近畿タンゴ鉄道宮津線）の豊岡～久美浜間が開業。
1930（昭和5）年4月1日	貨物支線の馬潟～馬潟港間が開業。
1930（昭和5）年5月15日	美禰線の貨物支線正明市～仙崎間が開業。
1930（昭和5）年12月7日	美禰線の支線長門古市～阿川間が延伸開業。人丸、伊上、長門粟野の各駅が開業。奈古～正明市～幡生間が連絡する。
1931（昭和6）年11月15日	美禰線の奈古～宇田郷間が延伸開業。

1933（昭和8）年2月12日	山口県豊浦・大津・阿武各郡の町村長らが、未開通の須佐～宇田郷間の開通後、石見益田～正明市～幡生を山陰本線とするよう請願。
1933（昭和8）年2月24日	須佐～宇田郷間が延伸開業。美禰線の宇田郷～阿川間と正明市～仙崎（貨）間、小串線を山陰本線に編入し、京都～幡生間が全通。
1934（昭和9）年7月26日	貨物支線正明市～仙崎間でガソリンカーによる旅客営業を開始。
1935（昭和10）年3月	大阪～大社間に急行列車が運転開始。
1935（昭和10）年5月1日	京都～園部間でガソリンカーが運転開始。
1935（昭和10）年7月20日	馬堀、並河、千代川、吉富の各駅が開業。
1938（昭和13）年8月20日	八橋駅を東八橋駅に改称、新たに八橋駅が開業。
1941（昭和16）年8月10日	吉富駅を休止、梶栗駅を廃止。
1943（昭和18）年10月1日	塩見（現・福部）～鳥取間に滝山信号場を開設。
1947（昭和22）年6月29日	大阪～大社間に準急列車が運転開始。
1949（昭和24）年12月15日	東八橋駅を浦安駅に、石見長浜駅を西浜田駅に改称。
1951（昭和26）年11月25日	大阪～大社間の準急を急行に格上げし、東京～大社間の運転とする。
1955（昭和30）年8月1日	西浜田～浜田港間に貨物支線が開業する。
1956（昭和31）年11月19日	京都～松江間で準急「白兎」が運転を開始。急行「いずも」を「出雲」に改称し、全編成を東京発着に変更する。
1958（昭和33）年10月1日	京都～大社間で客車急行「だいせん」が伯備線経由で運転を開始する。
1959（昭和34）年9月22日	京都～天橋立・東舞鶴間で準急「丹後」、米子～博多間で準急「やくも」が運転を開始する。
1960（昭和35）年11月16日	同年9月に結成された福知山輸送増強促進連盟が、京都～城崎間の複線化を陳情。
1961（昭和36）3月1日	鳥取～石見益田間で準急「石見」が運転開始。
1961（昭和36）年10月1日	京都～松江間で山陰本線初の特急「まつかぜ」、大阪～浜田・大社間で急行「三瓶」が運転を開始する。
	準急「しんじ」が宇野～米子～博多間運転となり、急行「出雲」が京都から山陰本線経由に変更、東京～浜田間の運転となる。
1963（昭和38）年6月	山口～博多間の準急「あきよし」に東萩～博多間の編成が登場。
1964（昭和39）年10月1日	大阪～大社間で急行「しまね」が運転を開始する。
1964（昭和39）年12月1日	金沢～出雲市間で急行「あさしお」が運転を開始する。
1965（昭和40）年10月1日	新大阪～浜田間で気動車特急「やくも」が、米子～小倉間で準急「なかうみ」が運転を開始する。米子～博多間の準急「やくも」を急行に格上げし「やえがき」と改称。急行「三瓶」を気動車化。急行「しまね」を「おき」に改称する。
1966（昭和41）年3月5日	準急「丹後」を急行に格上げ。
1966（昭和41）年10月1日	名古屋～出雲市間で急行「大社」が運転を開始する。石見益田駅を益田駅に改称。
1968（昭和43）年10月1日	ダイヤ改定で列車愛称を見直し。大阪～益田・大社・出雲市・松江間の急行を「だいせん」、伯備線を経由する京都～大社間の急行を「おき」、米子～小倉・博多・熊本間の急行を「さんべ」とする。
1968（昭和43）年12月	山陰線・福知山線の電化促進期成同盟会が結成総会を開催。
1969（昭和44）年9月26日	綾部～福知山間の複線化が完成する。
1971（昭和46）年4月26日	急行「おき」を特急に格上げする。
1972（昭和47）年3月15日	急行「出雲」が寝台特急に格上げ。新大阪～浜田間の特急「やくも」のうち1往復を「まつかぜ」に編入、1往復の運転区間を伯備線経由の岡山～出雲市・益田間に変更。
	新大阪・大阪～鳥取・倉吉間（播但線経由）で特急「はまかぜ」が、大阪～鳥取間で急行「いなば」が、米子～長門市間で急行「はぎ」が運転開始。特急「おき」を廃止。
1972（昭和47）年10月2日	京都～米子・倉吉・城崎間で気動車特急「あさしお」が運転を開始する。
1974（昭和49）年11月30日	この日限りで蒸気機関車の通常運転を終了。
1975（昭和50）年1月15日	本州最後の蒸気機関車運転を記念した「石州号」を米子～益田間で運転。
1975（昭和50）年3月10日	東京～米子間で寝台特急「いなば」が、鳥取・米子～小郡（現・新山口）間で気動車特急「おき」が運転開始。京都～出雲市間の夜行普通列車を「山陰」と名付け、急行「はぎ」を「ながと」に改称する。

1975（昭和50）年4月1日	貨物支線東松江〜馬潟港間を廃止する。
1976（昭和51）年3月16日	京都〜二条間が高架化。丹波口駅を移設する。
1978（昭和53）年10月1日	寝台特急「いなば」の運転区間を東京〜出雲市間に変更し、「出雲」に編入する。
1979（昭和54）年11月27日	京都〜城崎間電化、および京都〜園部間複線化工事の起工式を挙行。
1982（昭和57）年7月1日	伯耆大山〜知井宮（現・西出雲）間が電化され、特急「やくも」を電車化。神西駅（現・出雲神西）が開業する。
1982（昭和57）年11月7日	貨物支線西浜田〜浜田港間を廃止する。
1982（昭和57）年11月15日	急行「大社」が廃止される。
1984（昭和59）年2月1日	急行「さんべ」の夜行が廃止される。
	門司発福知山行きの普通「824列車」を出雲市止まりとする。
1985（昭和60）年3月14日	米子〜博多間で特急「いそかぜ」が運転を開始する。急行「あきよし」「石見」、普通夜行「山陰」を廃止する。
1985（昭和60）年4月1日	倉吉線が廃止。
1986（昭和61）年11月1日	福知山〜城崎間が電化。大阪〜城崎間で電車特急「北近畿」が運転を開始する。
1986（昭和61）年12月28日	回送中の14系お座敷客車列車「みやび」が余部橋梁から転落。
1987（昭和62）年4月1日	国鉄分割民営化。JR西日本（西日本旅客鉄道）が山陰本線を継承する。
1988（昭和63）年3月13日	米子〜益田間で特急「くにびき」が運転を開始する。
1988（昭和63）年7月16日	宮福鉄道（現・北近畿タンゴ鉄道）が宮福線福知山〜宮津間を開業。
1989（平成元）年3月5日	嵯峨〜馬堀間を新線に切り替え複線化。
1989（平成元）年3月11日	太秦駅が開業する。
1990（平成2）年3月10日	京都〜園部間が電化される。
1990（平成2）年4月1日	大社線が廃止。宮津線が北近畿タンゴ鉄道に転換される。
1991（平成3）年4月27日	嵯峨〜馬堀間の旧線が嵯峨野観光鉄道として開業。トロッコ列車の運転を行う。
1993（平成5）年3月18日	東山公園駅が開業。知井宮駅を西出雲駅に、神西駅を出雲大社口駅に改称。
1994（平成6）年12月3日	山陽本線上郡〜因美線智頭間を結ぶ智頭急行智頭線が開業する。
1995（平成7）年7月27日	鳥取大学前駅が開業する。
1996（平成8）3月16日	園部〜綾部間が電化。京都〜城崎間で「きのさき」、京都〜天橋立間で「はしだて」、京都〜福知山間で「たんば」の電車特急が運転開始。特急「あさしお」、急行「丹後」が廃止となる。
1997（平成9）年3月22日	急行「さんべ」が廃止。普通客車列車を廃止。
1997（平成9）年11月29日	特急「いなば」を「くにびき」に統合する。
1998（平成10）年7月10日	寝台特急「出雲」のうち1往復が電車化され、東京〜出雲市間を伯備線経由で結ぶ「サンライズ出雲」となる。
1999（平成11）年3月13日	出雲大社口駅を出雲神西駅に改称。
1999（平成11）年10月2日	急行「だいせん」を気動車に置き換え、大阪〜米子間の運転とする。
2000（平成12）年9月23日	円町駅が開業する。
2003（平成15）年10月1日	特急「スーパーくにびき」を「スーパーまつかぜ」に改称する。
2004（平成16）年10月16日	急行「だいせん」が廃止となる。
2005（平成17）年3月1日	特急「いそかぜ」が廃止となる。
2006（平成18）年3月18日	寝台特急「出雲」が廃止となる。
2007（平成19）年3月	余部橋梁の架け替え工事に着手する。
2008（平成20）年3月15日	梶栗郷台地駅が開業する。
2010（平成22）年8月12日	コンクリートに架け替えた余部橋梁を供用開始。
2015（平成27）年3月14日	伯耆大山駅 〜 米子駅間の貨物列車が廃止。山陰本線を経由する定期貨物列車が全廃される。
2017（平成29）年5月22日	益田駅 〜幡生駅と長門市駅 〜仙崎駅間に小規模自動進路制御置（SRC）を導入。
2019（平成31）年3月16日	梅小路京都西駅が開業する。

※各種資料をもとに編集部にて作成

1968（昭和43）年10月改正の山陰本線時刻表

京都 — 福知山 — 城 崎 — 鳥 取 —

山陰本線［下り］（京都—出雲市）（その2）

京都から出雲市までざっと1ページで見られた時刻表。現在のJTB時刻表は鳥取まで。当時は昼夜ともに長距離列車が当たり前で、現在のように運行系統の分断で細切れになっていなかった。山陽新幹線が未開業で、伯備線の電化はまだ先、もちろん智頭急行もない時代。関西と山陰地方との行き来は、京都や大阪発着（福知山線経由）の列車が第一

山陰本線 【下り】（京都―出雲市）（その2）

🚋 交通公社全国営業所一覧表は 425〜428 頁にあります。

	鳥取駅	豊岡	城崎	松江	園部	松江	浜坂	大阪	胡麻	豊岡	福知山	園部	豊岡	後部	豊岡	園部	豊岡岡山	福知山	園部	東舞鶴	綾部	福知山	東舞鶴	園部	大社	福知山	下関	米子	園部	大社	駅 名
	725	713D	713D	805D	1825	703D	839	718D	131D	228D	841	1827	715D	133D	843	1829	915D	845	1831	917D	135D	815D	137D	1833	8703	139D	829	8801	141D	6711	

→ ちらしずし(150円 3〜9月) うなぎ弁当(200円)　里柿(120〜500円)　鬼饅頭(120・250円)　栗もなか(150〜200円)　栗羊かん・節せんべい(各 100〜500円)
和田山──あゆずし(200円 6〜11月)　ちらしずし(150円 6〜9月)　豊岡──京極まんじゅう(100円)　トンカツ弁当(200円)　かにずし(150円) →

手段だった。特急は本当に特別なもので、急行が日常での速達列車の役目を担っていた。現在は普通列車しか停車しない駅でも、当時は急行停車駅で、地方の町の代表駅が町の本当の玄関口として機能していた。主要駅についても、当時の綾部駅は多層建て急行の分割併結が盛んで、舞鶴線、宮津線経由の気動車急行が活発であった。

山陰本線 下り（出雲市—門司）若桜線

43.10.1 改正　　出　雲　市──石　見　大　田──浜　田──益　田──

キロ 京都からの数	駅名	831D	841	833D	843	845	851D	835D	821	853D	837D	823	855D	1101D	2401D	839D	841D	25ID	825	322D	253D	521	801D	931D	843D	827
	行先	下関	門司	下関	下関	下関	人丸	下関	下関	仙崎	下関	門司	長門市	博多	天ケ瀬	下関	小倉	石見江津	下関	益田	益田	浜田	小倉 米子637	厚狭	下関	下関
386.2	出雲市 発																					545	743 急（さんべ）1号 817			656
391.0	知井宮																					551				702
395.1	江南田																					557				708
401.7	小田																					606				719
405.6	波根																					613				728
413.1	久手																					622				737
415.3																						626				742
418.8	石見大田 着／発																		513			631	819			747 / 750
421.8	静間																		517			634				754
424.4	五十猛																		521			640				759
430.1	仁万																		532			645	832			809
433.5	馬路																		537			654				814
436.4	湯里																		541			659				819
439.5	温泉津																		546			704	843			826
442.4	石見福光																		551		浜原発 518	710				831
445.2	黒松																		557			715				835
449.6	浅利																		602	702		721				845
455.9	石見江津 着／発																		609			728				853
460.3	都野津												急（あきよし）					611	711			739	909			900
462.1	敬川																	617	717			747				923
464.9	波子																		721							930
467.2	久代																	627	726			754				
471.5	下府																		731							944
474.9	浜田 着／発																	638	738 744			804	930			949
480.3	西浜田										426	535	625					650			813		933			1018
484.4	周布										542	547		急（あきよし）				657			824		急（あきよし）			1026
489.2	折居										557							703			829					1040
494.2	三保三隅										604		645					710			835					1052
499.2	岡見										610							718			842		953			1103
504.3	鎌手										617							727			849					1111
508.8	石見津田										623							737			902					1119
516.1	益田 着／発										514	631	710					753 803			908 917		1018			1129
525.9	戸田小浜										538	637	713	717				815					1020	1034		1158
529.6	飯浦										550	653	（山鹿児島本線経由）					828						1044		1216
535.4	江崎										556	709		741				834					1048	1050		1222
542.0	須佐										606	719		749				843						1059		1231
550.8	宇田郷										615	729						852						1108		1240
557.2	木与										627	738						902					1109	1119		1250
561.8	奈古										638	744	812	829				917						1127		1258
566.1	長門大井								休日運休	長門市始発	645	750	（博多以下220頁）	834				926					1144	1139		1305
570.7	越ケ浜									仙崎発	651	757		842				933						1152		1311
573.6	東萩								506	休日運休	706	804	832	849				1005					1128	1157		1318
577.4	萩								511		712	810	839	854				1009						1202		1326
579.8	玉江								515		718	816		858				1013						1206		1331
583.7	三見								524		727	827		906				1022						1212		1335
589.7	飯井									仙崎発	733	833		913										1222		1344
601.2	長門市 着／発								543 550	650 656	743 710	842 750	848	904				932					1203	1231		1400 1407
606.5	黄波戸	255	426			527	545		613	700	712	800				908		937				1116	1206	1242	1247	1413
610.6	長門古市		434			537	552		620	719	719	808						947				1125		1254	1254	1420
615.1	人丸	315	442			542	600		628	仙崎	727	816				955						1133	1219	1301	1301	1428
619.5	伊上		449			548	605		634		732	821				1001						1139		1307	1307	1440
625.7	長門粟野		455			554			640		738	827				1007						1145		1312	1312	1446
629.0	阿川		501			600			647		745	837				1013						1152		1322	1322	1454
632.7	特牛		509			608			654		753	846				1037						1200		1330	1330	1454
636.7	滝部	344	516		604	615			705		801	854				1044						1207	1250	1337	1337	1501
641.5	長門二見	351	525		611	624			714		819	903			美山祢線経由	1051						1216		1349	1349	1509
645.1	宇賀本郷		533		617	631			721		826	910				1058						1223		1359	1359	1517
647.8	湯玉				622	640			726		831	917				1103								1404	1404	
651.8	小串	359	540		622	640			731		838	917				1107						1230		1408	1408	1524
655.1	川棚温泉	406	548	609	634	656			742		844	925			美祢線経由	1117	1200					1240	1308	1416	1416	1533
657.0	黒井村	410	552	613	638	701			747		849	930				1120	1204					1244	1312	1420	1420	1538
660.4	梅ケ峠	414	556	620	645	706			751		853	935				1125	1208					1248		1425	1425	1542
664.3	吉見	420	602	626	651	712			759		859	941				1131	1214					1254		1430	1430	1547
667.2	福江	425	610	632	657	717	740		806		904	951				1138	1222					1302		1435	1435	1554
672.3	安岡	430	615	637	702	723	745		812		908	956				1143	1227					1307		1440	1440	1559
675.1	綾羅木	434	622	642	708	729	750		817		915	1001				1148	1231					1311		1449	1449	1603
678.9	幡生	438	627	646	713	734	755		822		919	1006				1152	1235					1316		1449	1449	1615
685.2	下関 着／発	442	632	651	717	744	800		826		925	1012				1159	1241					1321		1500	1500	1621
	門司 着	450	638	657	728	750			834		931	1018				1055	1205	1247				1341				
	下関 発		650									1023				1058	1249					1344				
	門司 着		658									1032				1106	1257					1354				
	終 着											1322					1306					1400				
	次の掲載頁											139					140					140				

三瓶温泉 369←　浜原方面 125←　有福温泉・可部方面 370←　山口方面 136←　秋芳洞方面 371←　厚狭方面 136←　仙崎方面 135←　川棚温泉方面 371←　岩国方面 61〜68←　博多方面 137〜142←　大分方面 150〜152←

こちらも出雲市から門司までが一覧できた。現在のJTB時刻表は益田までで、益田以東と益田以西は直通列車さえなく、列車運行的に完全に分断され、同じ山陰本線なのにまるで別線のようだ。現在、益田以西では優等列車の運行さえない。そうしたことを踏まえて時刻表を見ると、益田以西の東萩、長門市の両駅が実に輝いて見える。特急、急行が走り停車し、主要駅と他の駅との違いが感じられない昨今の状態とは全く異なる。そして、特急「まつかぜ」に食堂車が連結されているのを見ると、風光明媚で知られる山陰本線西部沿いの海岸を眺めながら食事をしてみたいと思う。

長門市—下関—門司　（山陰本線・下り）

季節列車（◆）の運転期間　Ⓐ＝12月21日→1月20日運転
Ⓑ＝12月25日→1月15日運転

浜田 324D	小倉 845D	石見大田 239D	下関 847D	下関 829D	小郡 7803D	小熊郡本 803D	浜田 33	益田 255D	下関 847	仙崎 857D	浜田 330D	門司 849D	門司 831	博多 1001D	小郡 911D	長門市 833	人丸 859D	浜田 543	益田 513D	益田 701D	石見大田 533	浜田 257D	須佐	益田 259D	浜田 835	浜田 1003D	浜田 245D	京都 837	米子 801	駅名
始発				京都 2203		米子 1000	東京 1930					豊岡 502	京都 725	宇野 909					福知山 615	鳥取 1346	大阪 950	松江 1633				京都 514	新大阪 1200	米子 1913	京都 902	米子 2200	始発
	753		957		1118	1227					1313	1436	1506	1515		1625	1651	1740	1753			1828	1858	2036	2203	2318	いずもし
	801		1007		レ	レ					1319	レ	1522		1632	レ	1801			1837	レ	2043	2209	レ		いそたけ
	806		1013		レ	レ					1330	レ	1528		1638	レ	1810			1843	レ	2052	2219	レ		えま
	814		1023		①	急 ①					1340	レ	1536		1647	石見	1820			1852	特 ①	2100	2227	レ		まじ
	819		1029		① さんべ 2号	レ					1349	レ	1542		1657	見	1830			1858	やくも	2105	2233	急 ①		ゆさと
	828		1038			レ					1358	レ	1552		1706	レ	1840			1907		2113	2242	さんべ 3号		ゆのつ
	832		1045			1302					1406	レ	1556		1710	レ	1846			1911	レ	2117	2247			いわみふくみつ
	836		1050		1152						1411	1507	1539	1601		1715	1725	1812	1852		1916	レ	2122	2252	2354	くろまさ
			1053		1152	1305					1414	1508	1539	1603		1730	1725	1812			1934	1928	2123	2259	2354	あさり
			1057		レ	出雲					1420	レ	1607		1738	レ				1939	レ	2127	2305	レ		いわみおおだ
			1102		1206	1337					1425	レ	1616		1743	レ				1945	レ	2131	2307	急 ①		しずま
			1113		レ	レ					1432	特 ①	1553	1625		1752	1739				1958	レ	2139	2316	レ		いそたけ
			1118		レ	レ					1441	まつかぜ	レ	1630		1758	レ				2010	レ	2148	レ	さんべ 3号		にま
			1123		① 指	レ					1446	レ	レ	1635		1803	レ				2015	やくも	2153	レ			まじ
浜原発 848			1129		② 指	1221			浜原発 1247		1453	レ	1603	1641		1809	1750	1833			2021	レ	2157	2325			ゆさと
			1134		レ	1353					1458	レ	1646		1814	レ				2026	レ	2201	2341	レ		ゆのつ
			1139		レ	レ					1503	レ	1651		1824	レ				2031	レ	2205	2347	レ		いわみふくみつ
			1145		レ	レ					1509	1620	1701		1830	レ				2038	レ	2210	2347	くろまさ
			1152		1239	レ			浜原発 1424		1516	1620	1708		1838	1807	1849			2045	2003	2217	2354	あさり
932			1157		1242	1353			1430		1521	1621	1711		1841	1807	1850		1942		2047	2004	2219	2356	036	いわみごうつ
938			1207		レ	レ			1436		1527	しんじ 1号	1717		1901	1813	レ		1950		2053	レ	2224	レ	つのつ
942			1213		レ	レ			1440		1534	金	1725		1908	1.2	レ		1954		自	2228	レ	うやがわ
949			レ		12 指	レ			1444		1542	レ	1731		レ	レ			1958		2100	2232	レ		はし
953			1224		レ	レ			1449		レ	レ	レ		1919	レ			2002		2108	2236	レ		くしろ
959			1244		レ	レ			1457		レ	レ	レ		レ	レ			2008		2108	2242	レ		しもとう
1005			1250		急 ① さんべ 2号	1302	1415			1505	1549	1601	1731	1737		1924	1828	1910		2014		2022	2248	018	057	はまだ
			1246			1304	1420		1546		1627	1603	1644	1746		レ	1830	1915			2027	2135	106	にしはまだ
			1257		1427	1433		1557		1635	レ	レ	1754		1635	レ				2034	2148		すぶ
			1302			1433		1603		1641	① 指	1801		1641	レ				2039	2158	おおり
			1309		レ	1439		1611		1648	レ	1811		1648	レ				2050	2205	みほさくすみ
			1332		1325	1446		1620		1713	レ	1705	1819		1851	レ				2057	2212	12 指	おかみ
			1339		レ	1452		1630		1720	レ	1826		レ	レ				2103	2219	かまで
			1346		② 指	1459		1639		1727	レ	1838		レ	レ				2112	2226	いわみつだ
			1352		レ	1505		1647		1736	レ	1845		レ	レ				2124	2237		
			1401		←	1513		1656		1744	1646	1729	1855		1915	1958				2132	2247		ますだ
			1405		1352	1349	図		1703		1750	1647	1732	1931		①					2133	152	154	とだくはま
			1417		レ	レ		1710		1808	レ	1948		レ					2144	いいのうら
			1424		山口線経由	1412		1716		1815	レ	1955		レ					2150	えきま
			1433			1728		1820	レ	2006		1.2 は浜田まで				2158	すき
			1442		レ		1727		1830	レ	2007					235	うだでう
			1456			レ		1734		1835	山口線経由	2015						きよ
			1504		1443	レ		1747		1848	レ	2026						なで
			1511		レ		1753		1856	レ	2034						ながとおおい
			1517		小郡着	レ			1906	レ	2041						としがけはま
			1525		以下 136 頁	1458			1918	レ	2047					319	ひがしはぎ
			1534			2803D	急 ①		1934	1747	2054						はぎ
			1540			レ			1949	以下 136 頁	2101						たまえ
			1544			136 頁			1949		2112				2	さんみ
			1552			急 ①			1958		2121					いい
			レ		1606	レ			2005		2134					ながとみさき
			1613			①			2015		2141					
							1753		2022	1817					354	ながとし
			1621		1535	1537	1736	1759		1834	2029	1820		2157		357	きわむ
			1633		レ	レ	1743	仙崎		1841	2036	レ		2204			ながとふるいち
			1642		1552	レ	1751	1801D		1849	2044	レ		2212			ひとまる
			1651		レ	レ	1757			1856	2049	浜田から 自		2217			いがみ
			1657		レ	美祢線・山陰本線経由	1803			1901	2055				ながとあわの
			1703		レ		1809			1907	2102					あがわ
			1711		レ		1817			1915	2109				こっとい
			1718		10月1日→12月1日及びⒷ運転	1829			1922	2116				たきべ
1534			1726		1619		1838			1955	2125			452	ながとふたみ
1546			1734		レ		1846			2002	2134			うかほんごう
1551			1739		レ		1851			2007			ゆたま
1602			1744		レ		1856			2012			
1609		1706	1753		1640	1537		1921		2019	2149		517	こぐし
1613		1711	1758		1645		1926		2026	2154			かわたなおんせん
1618		1715	1802		レ		1930		2027	2158			くろいむら
1624		1722	1808		レ		1935		2033	2204			うめがとう
1636		1733	1817		以下 136 頁		1941		2038	2215			よしみ
1640		1737	1822				1946		2043	2215			ふくえ
1645		1742	1827				1951		2051	2224			やすおか
1649		1746	1831				1954		2055	2224			あやらぎ
1654		1751	1837				1959		2059	2224			
1700		1757	1842		1713	1719		2004		2106	2235	1941		551	しものせき
1706						1727		2010				1943		605	
1714						1734		2115		2243			614	もじ
1726					2033			2123		2252			730	終着
141			141			142				138	次の掲載頁

京都駅烏丸口の昔日の様子。平成初期まで長きに亘り京都の玄関口だった旧駅舎が写る。鉄筋コンクリート造り2階建ての駅舎で、建築当時としては比較的高めだった塔を設けた。山陰本線は写真右側の方向。左に京都タワーが写り、隣の百貨店は丸物（後の京都近鉄百貨店）である。◎京都　1966（昭和41）年5月9日　撮影：朝日新聞社

キハ55系は国鉄初の優等列車用気動車として増備され、各地の準急や急行で活躍。蒸気機関車牽引の列車が主体であった優等列車の動力近代化に貢献した。写真はキハ55系の準急「きのさき」。写真の前年にあたる1962（昭和37）年に登場した準急「きのさき」は1966（昭和41）年に急行化したが、1968（昭和43）年、急行「丹後」に統合されて列車名が無くなった。
◎京都　1963（昭和38）年8月25日　撮影：荻原二郎

1950年代後半になると、性能が向上した気動車による準急や急行の気動車化が進展し、キハ58系の登場でその動きが加速していった。キハ58系は準急用キハ55系の接客設備を見直した急行形気動車で1961（昭和36）年に登場。写真当時は大量に製造・増備が続いていた時期であった。写真はキハ58系による準急時代の「丹後」。その後、1966（昭和41）年に一部を除いて急行になった。◎京都　1963（昭和38）年8月25日　撮影：荻原二郎

かつての山陰本線のプラットホームの先は、このように明るかった。ホーム先端部に給水設備が見られる。山陰本線京都口の無煙化はこの写真の年の4月であった。写真右側に京都グランドホテル（現・リーガロイヤルホテル京都）が写る。
◎京都　1971（昭和46）年3月8日　撮影：西原 博

懐かしい地上駅時代の丹波口駅とC57形15号機牽引の列車。ホームには多くの乗客が待っており、京都市内の駅らしい。京都市中央卸売市場が近く、貨物の取扱いも行っていた。1976（昭和51）年の駅高架化によって丹波口駅の貨物関連施設と分断。地上の施設は京都市場駅と名を変えて、梅小路駅分岐の東海道本線貨物支線とつながっていたが、後に廃止された。
◎丹波口　1970（昭和45）年

二条駅は、山陰本線の前身にあたる京都鉄道が1897（明治30）年に二条～嵯峨（現・嵯峨嵐山）間を初の開通区間として開業
して以来の歴史のある駅。写真は京都鉄道時代からの昔日の二条駅駅舎で、後に梅小路蒸気機関車館（現・京都鉄道博物館）
へ移設された。◎二条　1963（昭和38）年8月25日　撮影：荻原二郎

C51形124号機が牽引する列車が写
る。C51は幹線用高速大型機で、国
産初のパシフィック形による軸配置
で設計・製造された機関車だった。
戦前の昭和一桁の時代までは主要幹
線の花形として超特急「燕」を牽引
するなど華々しく活躍し、写真当時は
地方幹線で余生を送っていた。
◎二条
1963（昭和38）年8月25日
撮影：荻原二郎

早朝の保津川が朝霧で包まれている。早朝6時台に通る園部行で牽引機はDF50。DD51形はまだ新型の時代で普及する前だった。列車は保津峡駅には停車するが、次の馬堀駅は停車駅では無かった。
◎保津峡付近　1963（昭和38）年5月1日　撮影：西原 博

爆煙を上げる亀岡方面への汽車。当時の山陰本線は都市部から気軽に汽車の旅を味わえる路線だった。そして、この保津峡駅も、京都市市街地から近いところで山間を縫って走るSLを眺めることができた。そのため、保津峡駅は様々な映画やドラマの舞台に選ばれ、定番ロケ地として知られた。◎保津峡　1968（昭和43）年

園部駅は山陰本線の主要駅。園部行は関西の鉄道ファンなら一度は乗車したことがあるだろう。写真当時は準急から急行化された列車が多く、それらも停車した。その後、その名残で特急化された一部の列車も停車し、その後は全列車停車駅になった。写真は園部駅の旧駅舎。1934（昭和9）年建築の駅舎だった。現在は1991（平成3）年に完成した橋上駅舎である。
◎園部　1966（昭和41）年6月5日　撮影：荻原二郎

昭和30年代の建築らしい2階建ての堂々とした旧駅舎だった。旧駅舎の末期は看板などで賑やかな印象の駅舎だったが、写真当時はまだすっきりした状態の頃。長年親しまれたが、1998（平成10）年の大晦日、12月31日にこの駅舎での営業が終わり、翌日元旦からは仮駅舎に。そして、1999（平成11）年9月に現在の橋上駅舎になった。
◎綾部　1963（昭和38）年7月11日　撮影：荻原二郎

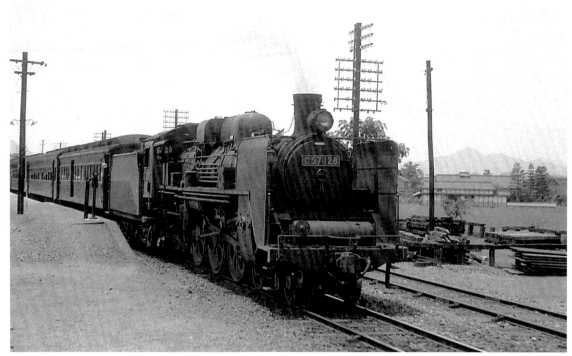

福知山駅のひとつ手前、石原駅にて。石原と書いて「いさ」と読む。島式ホームにはC57形128号機牽引の810列車。1961（昭和36）年9月号の時刻表によると、米子発京都行の普通列車で二等級制時代の一等車を連結。次の高津駅は通過した。C57形128号機のドームの後ろに写るのは重油タンクで、重油を併燃していた。C57形128号機は滋賀県大津市の大津市科学館跡地「遊びの森SL公園」で保存展示。先輪のC544の刻印がC54形4号機に関するものなら、保存機のないC54形の極めて珍しい遺品である。◎石原　1961(昭和36)年7月9日　撮影：西原 博

福知山を発車した下り列車は山間に入り、上川口の先で大きくカーブを描く。ここは現在も単線区間。DD54形が牽引する列車。ダブルルーフの古い客車も連結した鈍行列車。昔日の夏の日の山陰本線らしいひとコマだ。
◎上川口〜下夜久野　1960（昭和35）年7月31日　撮影：西原 博

福知山は鉄道拠点で国鉄時代には福知山鉄道管理局が置かれ、民営化後は支社、現在は管理部がある。写真は1954（昭和29）年竣工の旧駅舎。鉄道管理局とともに駅の北側に位置し、2005（平成17）年の高架化によって姿を消した。
◎福知山　1961（昭和36）年7月11日　撮影：荻原二郎

和田山駅を発車したDF50形牽引の門司発福知山線経由の大阪行712列車は、播但線と分かれた後、円山川を渡る。712列車は夜行普通列車として門司を深夜に発車し、山陰本線に入ってひたすら東進。写真のあたりは13時50分過ぎ頃で、大阪に到着するのは夕方であった。◎和田山〜梁瀬　1961（昭和36）年7月9日　撮影：西原 博

60年前の豊岡駅の様子やDF50形57号機が写る。DF50は非電化亜幹線の無煙化を進めたディーゼル機関車で、山陰本線でもよく見掛けることができた。DF50にはMAN型エンジンを搭載した500番台のほか、写真の57号機のようにズルツァー型エンジンを搭載した0番台があり、0番台は焼玉エンジンに似た特徴ある音で、ポンポン船と呼ばれた焼玉船で聞いたようなどこか懐かしいエンジン音であった。◎豊岡　1963（昭和38）年8月26日　撮影：荻原二郎

海側のプラットホームが現役で活気があった当時の様子。小口を含めて荷物扱いを行っていた時代で、地方の幹線の駅はこうでなくてはと思える写真である。現在では、プラットホームは残るものの、海側のレールは撤去されて棒線駅化しており、時の流れと山陰本線の衰退を感じる。◎鎧　1963（昭和38）年4月28日　撮影：西原 博

浜田機関区の機関庫とC54形8号機。C54形は亜幹線での運用を目的に設計・製造された中型の旅客列車用機関車だった。線路等級が低めの丙線での運用を前提に軽量化を図り、軸重の負担を軽減したが、それが災いして粘着力がなく、空転や牽引力不足を頻繁に起こした。各地で不評で早々に廃車された機関車もあり、最後の住処は浜田機関区であった。写真は末期のC54形の姿で、撮影年の10月に残存していた全てのC54形が廃車となった。
◎浜田機関区　1963（昭和38）年8月28日　撮影：荻原二郎

キハ55系による準急「みささ」。姫新線、因美線を経由して、三朝温泉のアクセス駅である上井（現・倉吉）間を運行していた。高速バスや乗用車など、点から点ではなく、鉄道で様々な駅を通り、色々な沿線風景を見て訪れていた時代もまた良かったと思う。プラットホームの上屋支柱には「大社 下関方面」とある。島根県の松江駅ではなく、鳥取駅で大社方面とあり、国鉄大社線で出雲大社へ向かうのが、遠来の参拝者にとって当時いかに最も一般的であったかがよくわかる。
◎鳥取　1963（昭和38）年8月26日　撮影：荻原二郎

県庁所在地鳥取市の玄関駅。3階建てで3階部分に島式ホームが並ぶ高架駅。JR化後に高架駅になった主要駅が多い中、鳥取駅は1978（昭和53）年に高架化し、地方都市の駅としては大変早かった。
◎鳥取　1985（昭和60）年4月29日　撮影：安田就視

D51形478号機牽引による貨物列車で、集煙装置が付く。地上駅時代の鳥取駅で、写真右側には旧駅舎が写る。撮影年月日を見ていると、どうやら京都から山陰本線の主要駅で色々撮影されているようだ。沿線での撮影も良いが、このように駅で撮影された写真を見ていると、時代の移り変わりが垣間見える歴史資料にもなる。
◎鳥取　1963 (昭和38) 年８月26日　撮影：荻原二郎

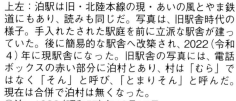

上左：泊駅は旧・北陸本線の現・あいの風とやま鉄道にもあり、読みも同じだ。写真は、旧駅舎時代の様子。手入れたされた駅庭を前に立派な駅舎が建っていた。後に簡易的な駅舎へ改築され、2022（令和４）年に現駅舎になった。旧駅舎の写真には、電話ボックスの赤い部分に泊村とあり、村は「むら」ではなく「そん」と呼び、「とまりそん」と呼んだ。現在は合併で泊村は無くなった。
◎泊　1982（昭和57）年10月15日
撮影：安田就視

上中：伯備線が分岐する伯耆大山駅。撮影年の1982（昭和57）年は７月に山陰本線伯耆大山駅〜知井宮駅（現・西出雲駅）間と伯備線全線が電化した年。前年12月に改築された駅舎が写る。大山を望む駅で、三角状の駅舎の屋根がそれを感じさせてくれる。
◎伯耆大山　1982（昭和57）年10月14日
撮影：安田就視

上右：1982（昭和57）年当時の駅舎の様子。駅舎前に樹木があった。駅舎自体は現在も使用されているが、現在の駅舎の前には建屋があり、屋根と右側の駅舎出入口などが少し見える程度になっている。写真当時は駅出入口付近を覆う屋根も瓦葺だったが、その後は板状のものに交換され、現在はかなり短く狭くなっている。
◎東松江　1982（昭和57）年10月14日
撮影：安田就視

1972（昭和47）年２月に上井駅から倉吉駅へ駅名改称し、鉄筋コンクリートの駅舎が誕生。三朝温泉の玄関駅で駅名横に温泉郷入口とある。３月のダイヤ改正で新設の特急「はまかぜ」をPRする大看板が写り、山陽新幹線新大阪〜岡山間開業も同じダイヤ改正で「ひかりは西へ」の文字も大看板に見られる。
◎倉吉　1972（昭和47）年３月11日
撮影：荻原二郎

湯町駅として開業した歴史を持つ玉造温泉駅。写真はその後2回に亘る改修を行う前の駅舎の様子でプラットホーム側。駅庭がきれいに整備され、花壇が美しく、駅庭好きな私にとってもとても癒される駅風景だ。
◎玉造温泉　1982（昭和57）年10月　撮影：安田就視

駅の高架化は1977（昭和52）年で、各地の地方の県庁所在地駅にくらべて高架化が早かった。写真は平成初期の頃の松江駅と駅前の様子。駅舎の高架下（駅舎1階）で店舗を運営するシャミネの文字が見え、左にはジャスコ、PINO（現・一畑百貨店）が建つ。手前の「歓迎 日本の面影 水の都松江」と記された観光PR看板が目を引く。日本の面影は、小泉八雲（ラフカディオ・ハーン）の作品集『知られぬ日本の面影』に出てくる。
◎松江
1990（平成2）年12月
撮影：安田就視

宍道駅の隣駅で宍道湖湖畔の来待駅。写真左上に宍道湖が写る。相対式ホーム2面2線の駅で上り822列車長門市発豊岡行が発車したところ。長門市を5時台に発車して、このあたりは13時台、終着豊岡には午後8時台の到着だった。
◎来待　1975（昭和50）年9月25日　撮影：西原 博

無煙化によってディーゼル機関車DD51へバトンタッチした客車普通列車。下り533列車米子発出雲市行。上り822列車豊岡行が発車した後。ただし、写真先の玉造温泉～来待間は1970（昭和45）年に複線化しているため、単線の行き違いではない。
◎来待　1975（昭和50）年9月25日　撮影：西原 博

走り去るシーンに臨場感を感じる一枚。このような写真は通常、前から来た列車を撮影後に後ろ向きももう一枚という場合が多い。撮影した時は特に気に留めずに現像が上がると仕舞いこむことが多いが、何十年も経って見返すと、こうした振り向き時の写真に当時の様子などが写り込み、面白い写真であることに気付く時がある。急行便貨車を連結して走り去る貨物列車も時代を感じるが、自転車に乗る人やトラック、線路際の"ハエタタキ"にも懐かしい姿が蘇る。
◎宍道付近　1963（昭和38）年4月29日　撮影：西原 博

C54形は17両のみ製造されてストップされた形式だった。軽量化に的を絞り過ぎたため、空転や牽引力不足が問題になり、車歴が経っていないものでも、当時すでに廃車されていた。機関区でも持て余していた時期だが、当時はまだまだ客車列車が多く、写真はそのような境遇でも運用されていた末期の頃だ。右に写るのは農業倉庫と低いプラットホーム。農業県にある駅へ行くと、昔はこのような倉庫とホームをよく見掛けた。◎出雲市　1963（昭和38）年4月29日　撮影：西原 博

煙舞う煤の匂いがいっぱいの蒸気時代の旅。当時は忌み嫌われた煤煙だが、今なら立派な観光文化資源かもしれない。写るのはC54形10号機。C57形が北陸から流れて転属してくる前の末期運用で、C57転属によりこの年の10月に全車廃車、そして解体となった。よって一両も保存機がない。◎出雲市　1963（昭和38）年4月29日　撮影：西原 博

1970（昭和45）年12月に改築の駅舎。地平時代の今や懐かしくなった旧駅舎である。駅舎の大看板には1972（昭和47）年３月15日のダイヤ大改正による特急「やくも」がPRされている。当時の「やくも」は気動車特急であった。駅前に駐車の車も懐かしい。◎出雲市　1972（昭和47）年３月12日　撮影：荻原二郎

写真の駅舎は現在も使用されている駅舎で1957（昭和32）年に竣工。開業時から1970（昭和45）年に江津へ駅名改称するまでは、国名が付いた石見江津駅だった。これは先に開業していた北陸本線郷津（ごうづ）駅があったからで、「づ」と「つ」の違いがあったが、よく似た駅名になるのを避けた。郷津駅がその後の新線切り替えによって廃止されたことで、石見を取り除いた江津駅へ改称した。◎石見江津（現・江津）1963（昭和38）年8月27日　撮影：荻原二郎

2008（平成20）年末まで現役だった鉄筋コンクリート造りの駅舎が写り、写真は昭和30年代の様子。駅舎右側にやや大きめな駅名やローマ字表記、時計が写る。通常こうしたものは時代によって変化する駅舎が多いが、雰囲気が変わってしまうような目立った変化はなく、配置が変わらずに残っていた駅舎であった。
◎浜田　1963（昭和38）年8月28日　撮影：荻原二郎

階段を上ると駅舎。階段の下中央に黒猫がいる。国鉄時代に写した駅舎出入口付近の写真で、沖縄への旅行ツアーを募集する案内板が立ち、国鉄増収に向けての取り組みが感じられる。窓の向こうに駅スタンプのわたしの旅スタンプ台が写る。スタンプの絵柄は平戸つつじだった。
◎三保三隅
1982（昭和57）年10月16日
撮影：安田就視

客車列車と交換する準急色のキハ55系。駅は少し高い位置にある。客車列車は益田方面の下り、キハ55系は浜田方面への上り。岡見〜鎌手間は素晴らしい日本海の景色を眺めることができる区間で、客車列車の乗客はその区間を通った後。夏の日、窓を開けて潮風を感じたことだろう。◎鎌手　1963（昭和38）年８月29日　撮影：荻原二郎

山口線の分岐駅。山口線のほうが先に開業し、駅開業当時は山口線のみだった。1961（昭和36）年に竣工した駅舎が写り、現在も現役。かつての山陰本線の主要駅ではコンクリート造りによる国鉄時代からの貫禄ある駅舎をよく目にしたが、昨今では改築によって姿を消しつつあり、その点で益田駅の駅舎は貴重な存在だ。
◎益田　1982（昭和57）年10月16日　撮影：安田就視

現駅舎の元の姿で、立派な駅庭があり、駅舎背後には樹木が聳え立っていた。現在は、同じ駅舎をベースにはしているが、全く異なった印象になっている。駅舎右側に平屋のJAの支店が増築され、駅舎は公民館のような建物へリフォームされてコミュニティセンター化している。ただし、屋根の形に昔日の面影が残っている。
◎戸田小浜
1982（昭和57）年10月
撮影：安田就視

益田から先もまだまだ山陰本線は西へ続く。写真は田万川を渡る手前の築堤カーブだと思われる。現在、国道191号の高架が写真右側奥で横切り、山陰本線を跨いでいる。写真に写る道は旧道だろう。未舗装の細い道で、このような道路事情だった昭和30年代は、やはり鉄道が長距離の主役であったと感じさせてくれる。
◎飯浦〜江崎
1963（昭和38）年8月29日
撮影：荻原二郎

他写真と同じ列車からの撮影と思われる。西へ西へのロードムービーのようでもある。須佐〜宇田郷間で有名なラーメン橋の惣郷川橋梁を渡って到着するのが海沿いの宇田郷駅。D51形749号機牽引の列車と交換。D51が通る線は中線ではない。3本並ぶ線路の右側は須佐方の貨物側線でその横は貨物用ホームだ。ただし同駅の貨物取扱いは写真の年の冬に廃止されている。
◎宇田郷
1963（昭和38）年8月29日
撮影：荻原二郎

萩市の代表駅で、萩と言えば武家屋敷。駅舎は1973（昭和48）年に白壁の武家屋敷風に改築されたコンクリート造りの駅舎。
観光PRを兼ねた駅舎だが、派手さがなく主要駅らしい貫禄と落ち着きがあり、上品な萩の玄関駅に相応しい佇まいだ。写真
の翌年からは、萩市を舞台としたフランキー堺主演のテレビドラマ『赤かぶ検事奮戦記Ⅲ』の放送が開始され、この駅舎も
登場していた。◎東萩　1982（昭和57）年10月16日　撮影：安田就視

キハ55系の準急「しんじ」が写る。1964（昭和39）年9月号の時刻表によると、博多と岡山県の宇野間を山陰本線回りの伯
備線経由で結ぶ列車で、博多を早朝6:40に発車して宇野に19:30着、12時間50分の所要時間だった。下関〜石見益田（現・
益田）間は、幡生から山陰本線経由と山陽本線・山口線経由に分かれ、石見益田（現・益田）で再び連結。写真の編成は山陰本
線経由。石見益田（現・益田）で両経由の編成を連結後、伯耆大山から伯備線に入り、新見で芸備線経由の広島発準急「たいしゃ
く」を連結して岡山まで併結する一方、米子から併結の準急「しらぎり」芸備線経由広島行を新見で切り離して倉敷へ向かう。
倉敷から山陽本線で岡山へ。さらに岡山では因美線・津山線経由の鳥取発準急「砂丘」を併結して宇野線に入り終着宇野に
到着するという、現代では考えられないとんでもない経路の多層建て準急だった。こうした運用を可能にしたのは、分割併
結が得意な気動車の功績であった。写真は萩駅での準急「しんじ」。ただし、萩駅は停車駅ではなく、停車駅は隣駅の東萩駅で、
これは東萩駅が萩市の中心地に近い代表駅であるため。開業は萩駅のほうが少し早く、現在もクラシックな駅舎が現存する。
写真右側には貨物用の上屋が写っている。◎萩　1963（昭和38）年8月29日　撮影：荻原二郎

昭和の仙崎駅の様子。片面ホームには国鉄字体の駅名標と名所案内標が立つ。名所案内標には青海島に関する案内が色々見られる。海上アルプスとも呼ばれる青海島は奇岩で有名な観光名所で遊覧船もある。
◎仙崎　1970年代　撮影：山田虎雄

写真の前年、1962（昭和37）年に正明市駅から長門市駅へ改称。写真の駅舎は現存する。駅前の車や電話ボックスが懐かしいスタイル。昭和30年代の懐かしの邦画を見るようだ。写真左側には給炭用の施設が見え、三角屋根をしたエレベーターの建屋などが写る。
◎長門市
1963（昭和38）年8月29日
撮影：荻原二郎

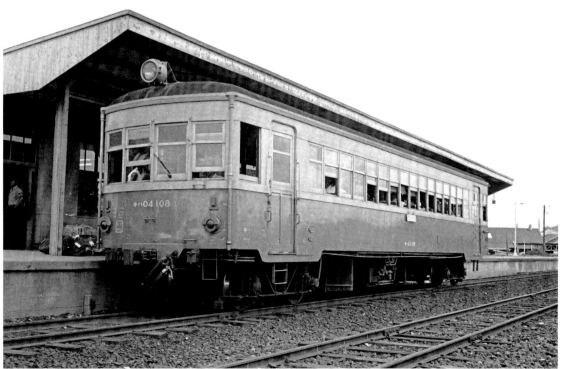

長門市駅分岐の山陰本線支線仙崎駅。開業時は貨物駅だったが、1933（昭和8）年から旅客の営業も開始した。仙崎は漁港のある古くからの町。長門市は仙崎町や周辺の村々が合併して誕生した市名だ。支線の終着仙崎駅のプラットホームは単式ホーム1面。写真にはキハ04形108が写る。キハ41300形から改番のキハ04形は、ガソリンカー由来の車体スタイルだが、戦後に機関の換装を行い機械式のディーゼルカーになった形式である。写真は100番台で出力アップされている。
◎仙崎　1963（昭和38）年8月29日　撮影：荻原二郎

木製の跨線橋が横たわり、キハ55系2両編成と駅舎側のプラットホームが写る。写真左が幡生方面や美祢線方面。2、3番ホームから撮影の写真で、同ホームの左側にはヤードが広がり、長門機関区があった。
◎長門市　1960年代後半　撮影：山田虎雄

特牛駅売店と記された商店が併設されていた時代の写真。こまめに写真を撮っておく大切さを感じる一枚で、一時期流行った駅舎の有効活用シーンである。特にローカルな駅では乗降客減少に歯止めがかからず、さらに人口減少による後継者不足もあって、このような併設店が閉店していることが多い。この特牛駅の商店もすでにない。夏の日の撮影で、左側に写る自販機のビールが旨そうだ。
◎特牛　1990（平成2）年8月　撮影：安田就視

D51形239号機牽引の長門市発下関行845列車。朝の通勤・通学を担う列車で、写真は福江駅を発車して海沿いの国道191号と並走しているところ。時刻は7時30分前ぐらい。国道にはマイカー通勤の車が多く見られる。
◎福江～安岡　1974（昭和49）年3月16日　撮影：西原 博

集煙装置なしのD51が牽引する840列車で8時台の列車。門司発長門市行。朝の下関口を蒸気機関車牽引の客車列車が上り下り列車と行き交った。客車のデッキにはカメラをぶら下げた人が写っている。
◎梅ケ峠～黒井村　1974（昭和49）年3月16日　撮影：西原 博

下関方面への通勤圏にある駅で、下りホームでの朝7時すぎの通勤風景。D51形837号機が牽引する滝部発下関行の通勤列車が到着したところ。蒸気機関車牽引による通勤列車にも無煙化の足音が近づいていた。
◎安岡　1974（昭和49）年3月16日　撮影：西原 博

白煙を上げて走り去って行くD51牽引の普通列車。集煙装置が付いていないので、上がる煙に迫力がある。機関車次位には
オハフ33が写る。梅ケ峠は「うめがとう」と読み「とうげ」とは読まない。
◎梅ケ峠～黒井村　1974（昭和49）年3月8日　撮影：西原 博

蒸気機関車牽引の通勤客車列車とその後の客車列車の合間に走った気動車列車。キハ20系による4両編成。吉見～幡生間は下関市郊外の雰囲気だが、その先のこのあたりは山の中で、当時は豊浦郡豊浦町であったが、現在は合併によって下関市域である。◎黒井村～梅ケ峠　1974（昭和49）年3月16日　撮影：西原 博

山陰本線の終点幡生駅。しかし、当駅が始発・終着の列車はなく、下関方面との直通運転である。島式ホーム2面の駅で山陽本線との接続駅。写真向こうには九州と行き交う交直流近郊形電車が写り、ホームには鳥居型の駅名標や4連プラスチックベンチが写る。
◎幡生　撮影年月日不詳
撮影：山田虎雄

下関駅の旧駅舎。1942（昭和17）年に関門トンネルが開通し、その当時から親しまれてきた三角屋根の駅舎だった。電化完成を記念する特急形電車のイラストが駅舎を飾っている。南国を連想させる蘇鉄が駅前広場にあった時代。平成に入っても長く現存していた三角屋根の駅舎だったが、2006（平成18）年に惜しくも放火で焼失した。
◎下関　1961（昭和36）年　撮影：山田虎雄

山陰本線の沿線にある支線

東舞鶴〜中舞鶴間の舞鶴支線（中舞鶴線）の終着駅。軍都だった舞鶴に海軍工廠があった時代に栄えた駅。キハ25や片面のみのプラットホームが写り、無人化した後の撮影。当時に近い1964（昭和39）年9月号の時刻表を見ると、支線内折り返し気動車のほかに福知山、豊岡、西舞鶴と直通する気動車列車があった。廃線・廃駅は1972(昭和47)年。
◎中舞鶴　1963（昭和38）年10月13日　撮影：荻原二郎

福知山線篠山口駅。C57形152号機牽引の列車が到着。荷車や駅員の制服に時代を感じる。篠山線との乗換駅。篠山線は篠山町の中心地から少し離れた篠山駅などのある篠山口〜福住間の路線だったが、1972（昭和47）年に廃止となった。なお、篠山口駅や篠山線の篠山駅の所在地は旧篠山町内ではなく、旧丹南町であった。現在は合併で両町ともに丹波篠山市になっている。◎篠山口　1961（昭和36）年5月1日　撮影：荻原二郎

播但線鶴居駅は、甘地駅の和田山方隣駅。合併で市川町になる前は、甘地駅は甘地村、鶴居駅は鶴居村の駅だった。写真は下り線側からの撮影で、姫路方面へ向かうＣ11形292号機牽引の上り列車が到着したところ。写真向こうに写るのは市川町立鶴居小学校である。◎鶴居　1961（昭和36）年７月11日　撮影：荻原二郎

播但線は和田山駅で山陰本線と接続する路線。甘地駅の相対式ホームが写り、姫路方面上りホームから撮影で駅舎はその奥。寺前・和田山方面下りホームとＣ55形44号機牽引の列車が写る。背景の山並みは今も変わらない。
◎甘地　1961（昭和36）年７月11日　撮影：荻原二郎

宮津線天橋立駅。言わずもがな、日本三景、天橋立の最寄り駅。準急「丹波」の愛称板を付けた準急色キハ55系のキロハ25形が写る。キロハ25形は、前寄りの側窓が狭窓の二等車で回転式クロスシート、後寄りのバス窓部分が三等車で、二等級制後の写真当時は一等車と二等車だった。◎天橋立　1963（昭和38）年8月25日　撮影：荻原二郎

国鉄宮津線時代の峰山駅。現在は京都丹後鉄道の駅。駅舎側の単式ホームが写り、宮津方面の島式ホーム側から撮影した写真。豊岡方面へ向かう列車で、キューロク9600形が牽引する。当時は峰山町だったが、平成の大合併で他の町と合併して京丹後市になっている。◎峰山　1960（昭和35）年7月23日　撮影：荻原二郎

因美線は鳥取〜東津山間の
路線。写真はＣ11形342号
機牽引の智頭方面への下り
列車。左のキハ58系は鳥
取方面への準急。プラット
ホームに高校生が写り、近
くの県立八頭高校の生徒だ
ろうか。帰宅時だと思われ
る。当時は郡家駅が最寄り
駅だったが、現在は、若桜
鉄道に八頭高校前駅があ
る。腕時計を各自しており、
汽車通学のアイテムだ。
◎郡家
1963（昭和38）年８月26日
撮影：荻原二郎

鳥取駅から分岐の因美線で
郡家駅へ行き、そして、郡
家駅から分岐するのが若桜
線（現・若桜鉄道若桜線）。
写真は終着駅の若桜駅で撮
影のキハ07形214。214は
元キハ07形100番台の105
で、戦後に製造されたグ
ループ。100番台時代は機
械式だったが、液体式の変
速機へ交換を行い、統括制
御で連結運転を行えるよう
になり、200番台になった。
後に木次線へ転出して勾配
区間でも運用されている。
◎若桜
1963（昭和38）年８月26日
撮影：荻原二郎

倉吉線は1985（昭和60）年
に廃線になった倉吉（写真
当時は上井）〜山守間を結
んだ路線。途中に倉吉市の
中心部に位置する倉吉駅（後
の打吹駅）があった。西倉
吉駅は、山守方の隣駅。キ
ハ07形が写るホームは島式
ホーム。西倉吉駅始発・終
着の列車も運行されていた。
◎西倉吉
1962（昭和37）年７月１日
撮影：荻原二郎

SLブームの頃には多くの鉄道ファンが押し寄せた伯備線布原信号場。当時は信号場ではあるものの一部の列車で客扱いを行っていた。正式に駅になったのは国鉄分割民営化と同日。写真にはC58形92号機牽引の列車が写る。
◎布原信号場
1967（昭和42）年8月6日
撮影：荻原俊夫

境線は米子〜境港間の路線。1902（明治35）年の開業で歴史がある。終点の境港駅の開業当初の駅名は境駅だった。写真は境線の起点、米子駅で撮影のキハ06形21。戦後製造のキハ41620から改番した気動車であった。
◎米子
1961（昭和36）年2月28日
撮影：荻原二郎

C11形73号機。木次線加茂中駅の島式ホームで列車交換する上下の列車。駅員のズボンが昭和30年代頃まではよく見られた裾上げされたタイプだ。C11形はC10形の改良形式で、電気溶接によって軽量化を実現。支線区の軸重制限をクリアして、各地の支線区で多く見られた。
◎加茂中
1963（昭和38）年8月28日
撮影：荻原二郎

木次線出雲横田駅での撮影。キハ07形13が写る。元は戦前製のガソリンカーで、ディーゼル化し、称号改正でキハ07形になった。車体長が長く、元は大都市の近郊路線で走ったスマートさが感じられた。決してパワーのあるディーゼルカーではなかったが、連続勾配の木次線で頑張っていた。
◎出雲横田
1963（昭和38）年8月28日
撮影：荻原二郎

芸備線との分岐駅備後落合でのレールバスキハ02形4。駅舎側1番ホームの木次線のりばで、左に写る昔懐かしい鳥居型の駅名標の次駅案内は木次線油木駅のみ。駅舎の向こうには貨物用ホームの上屋が写る。キハ02形は、前面3枚窓のキハ01形とは異なり2枚窓の前面。写真のキハ02形4は寒地向けで、北海道へ配置されたグループだったが、他の寒地用とともに転出したうちの1両であった。
◎備後落合
1963（昭和38）年8月28日
撮影：荻原二郎

山間の分岐駅備後落合。木次線のキハ02形4が写る。写真左奥で2列に並ぶカーブは、左側が芸備線広島方面、右側が木次線宍道方面。当時は芸備線・木次線経由の準急「ちどり」が2往復運行され、当駅で進行方向を変えて発車、広島〜松江・米子間の陰陽連絡の重要な駅として機能していた。
◎備後落合
1963（昭和38）年8月28日
撮影：荻原二郎

出雲地方の名物駅舎と言えば、やはりこの大社駅舎だろう。出雲大社の御膝元の駅舎らしい和風建築で堂々とした佇まい。重要文化財であり、現在は保存修理が行われている最中。廃止後にプラットホームもあわせて保存される姿勢に頭か下がる。写真はもちろん大社線現役時代で、優等列車の発着もあった時代。写真を見ると、駅前商店の活気がさらに駅舎の魅力を高めていたように思う。
◎大社
1963（昭和38）年8月28日
撮影：荻原二郎

大社線は出雲市～大社間7.5kmの路線だった。出雲大社への参拝路線で優等列車が直通した路線として知られるが、写真のように地域輸送を担う気動車も運行されていた。写真はキハ06形12で、戦後製のキハ41611からの改番。
◎出雲市
1963（昭和38）年8月28日
撮影：荻原二郎

当時の浜原駅は三江北線の終着駅。三江南線と結ばれていなかった。キハ01形を郵便・荷物車へ改造したキユニ01形1が写る。1両だけの希少形式。ハのないキユニなので写真のように他の気動車と連結運転を行った。キハ01形と同じく、機械式変速機で統括制御はできず、連結運転の際は運転士が乗務した。種車のキハ01形は、閑散線区の車両コストを抑えて増発を図る目的で開発されたレールバスで、エンジンはバス用のディーゼルエンジンを搭載。レールバスと言えば富士重工業のイメージを持つ方も多いが、キハ01形の製造は国鉄形レールバスの全形式を製造した東急車輛製造である。運転台は中央で3枚窓。閑散線区の輸送改善が期待されたが、ローカル線であっても朝夕はそれなりの乗客があった時代で、コンパクト過ぎる車体の弱点が露呈して長続きはしなかった。写真のキユニ01形は前記のように改造によって1962（昭和37）年に登場したが、1966（昭和41）年には休車となり、運用シーンの写真は多くはない。
◎浜原　1963（昭和38）年8月27日
撮影：荻原二郎

山口線篠目駅。島式ホーム1面2線の駅で、列車交換中。左側に写る線路は側線で、その向こうのホームは貨物用。キハユニ15が写る。湘南窓の郵便・荷物室との合造車。当時はまだまだこのような珍車を地方線区で見ることができた。なお当駅は「SLやまぐち号」の停車駅としても知られ、「SLやまぐち号」での運行では使用しないものの、当駅開業時に設置されたレンガ造りの給水塔が現存している。
◎篠目
1969（昭和44）年4月10日
撮影：荻原俊夫

美禰線（現・美祢線）吉則駅（現・美祢駅）にて。撮影後の10月に吉則から美祢へ駅名改称し、美禰線は美祢線になった。キハ58系による準急「あきよし」。山口・東萩〜博多間で運行し、山陽本線厚狭駅で山口線編成と美禰線（現・美祢線）経由が分割併合を行った。当時はキハ55系の準急が多く運行していた時代で、新型の急行形気動車として新製増備中だったキハ58系の準急は乗り得感があっただろう。
◎吉則
1963（昭和38）年8月29日
撮影：荻原二郎

美祢線美祢駅の北に広がる操車場。石灰石輸送の拠点として活気があった時代。D51形920号機が牽引するホッパ車が真っ白である。JR貨物の駅が廃止されてしまった今日からすると、とても切ない気持ちにもなる昔日の風景だ。
◎美祢
1972（昭和47）年3月13日
撮影：荻原二郎

『綾部市史』に登場する山陰本線 （市史より抜粋）

昭和30年代前半の好景気を背景に、輸送力の増強がはかられ、32年の運賃値上げなどにより国鉄の営業利益は一応の好調をしめした。しかしバス・トラック・自家用車・航空機など対抗運輸機関の進出によって、国鉄の独占的地位は、失われつつあった。このような情勢の下で、35年7月の運賃改正では国鉄創業以来とってきた1、2、3等級制を1、2等制に改め旧3等の赤切符を廃止した。また貨物運賃についても運送原価に重点をおく等級制度に改めるなどの合理化をはかっている。

老朽資産の取り替え・輸送力の増強・動力の近代化を3本の柱とした32年度からの第一次5か年計画は、その後のわが国の高度経済成長にともなう輸送需要に対応しきれなかった。そこで36年度を初年度とする第二次5か年計画が策定され、経済の成長にともなう輸送量の増大に対するため、主要幹線の線路増設と輸送方式の近代化、経営の合理化がはかられた。これによって全国的に複線化・電化が促進され、通勤輸送の改善、踏切対策、特急・急行列車の増発等が行われた。

東海道線の輸送力増強のためには、34年から国鉄技術の粋を集めた東海道新幹線の建設がはじめられ、39年7月完成（延長515キロメートル、工費3800億円）、その年10月の東京オリンピックには観客の輸送に一役買った。新幹線の安全・高速・快適性は国民にも認識され、40年3月19日には早くも開業以来1千万人旅客輸送を達成した。また、入場人員6422万人と史上最高を記録した大阪の万国博にも、新幹線は車両を新造増発するなどして、国鉄利用者2200万人中900万人を輸送した。つづいて47年3月には、新大阪駅から岡山までの161キロメートル、さらに50年には博多までの398キロメートルも完成した。

一方国鉄の輸送需要は逐年計画を上回る伸びをしめしたので、40年度以降第三次長期計画が推進されることになった。この計画は国鉄の輸送力を増強し、その体質改善をはかって経営の長期安定化をはかるためのものであった。しかしこのころから自動車・船舶輸送の増大、借入金による巨額の投資等により国鉄経営は赤字に転落したので、第三次長期計画は途中で打ち切られ、44年から10か年の財政再建計画に移行せざるを得なくなった。

このような情勢を背景として、当地方の国鉄の推移はどうであっただろうか。まず列車では31年11月に京都－松江間に準急「白兎」号が、ついで35年1月には京都－天の橋立間に準急「丹後」号が、また37年3月には京都－城崎間に準急「きのさき」号がそれぞれ運転を開始し、山陰線も大幅なディーゼル化が進められることになった。43年には準急がなくなり「急行」と「特急」の2本立てになるが、47年10月の時刻改正で京都発着特急「あさしお」号が山陰線を4往復することになり、同時に福鉄局管内の蒸気機関車は姿を消して全旅客列車の無煙化が完了した。

つぎに駅のうごきをみると、33年には綾部－石原駅間に高津駅が新設され、交通の不便に悩んでいた5千人近い周辺地区民に大きな恩恵を与えた。ついで35年3月には綾部－梅迫駅間に淵垣駅が誕生、両駅とも無人駅として発足した。37年10月には綾部市都市計画街路建設と歩調をあわせて綾部駅が4600万円の工費をかけて竣工した。ついで42年9月には、プラットホームの東西2ヵ所にかかっていた老朽化した狭い陸橋にかわって、地下道が新設された。

全国的に輸送力の増強が進められていくなかで、山陰線の複線化促進も早くから叫ばれているが、このうち綾部－福知山間の複線化が、43年9月（綾部・石原間6.6キロメートル）、44年9月（石原・福知山間5.7キロメートル）に完成した。この年は丹波大橋が完成して国道27号線と府道福知山－綾部線が結ばれ、当地方の自動車交通の隘路を打開している。また、40年以降は国鉄の再建問題が国家的見地から大きくとりあげられ、国鉄自体の経営努力が強く要請されるようになると、販売体制も合理化・近代化が求められ、駅の停留所化などによって手薄となった販売活動を強化するために、46年12月には綾部駅にも旅行営業センターが設置された。一方京都－福知山間に列車集中制御装置（CTC）が完成したので、下山・立木・山家・石原駅など乗降客の少ない駅は職員のいない無人駅となった。47年度末までにこのように無人化した駅は、全国で1591駅にのぼった。また、レジャーブームによる旅客の増加で40年に全国的な時刻改正があり、東海道新幹線も東京－新大阪間が3時間10分に運転が短縮され、また座席指定が増加したので、指定券類販売の窓口として「みどりの窓口」が全国152駅に開設されたが、綾部駅にも49年5月に設けられ乗客の利便がはかられた。

『米子市史』に登場する山陰本線 （市史より抜粋）

躍進した鉄道

　戦後の鉄道は、混乱期にも１日も休むこともなく「地域の足」として働き続け、やがて「より早く」、「より快適に」と、めざましい躍進をとげた。山陰地方を東西に走っている山陰本線は多くのトンネルがあり、とりわけ蒸気機関車から吐き出す煤煙は、旅人たちや利用者、沿線の住民からもきらわれていた。米子市議会は、昭和22年６月29日に「山陰地方はトンネルと傾斜のため、著しく輸送力が阻害されており、山陰本線は第一に改良されなければならず、山陰地方を電力化して生産地の農山漁村を工業化すると共に輸送力を増強して大都会へ直結することが急務である」などの理由で「山陰線電化に関する意見書」を運輸大臣に提出していた。やがてディーゼル機関車の出現や東海道本線の電化完成とともに、山陰本線から煤煙を追放しようという要望があちこちからわき上がり、兵庫・鳥取・島根・山口の４県が合同で陳情団を結成して、波状請願をすることになった。米子市でも昭和30年８月23日に運輸省と国鉄本社に陳情した。昭和31年には、山陰線強化期成同盟会を結成して陳情を重ねた結果、翌32年４月に、わずか５両だったが最初のディーゼル機関車が米子局管内に配置された。煙の出ない機関車は大いに喜ばれ、米子－鳥取間の定期列車に使用された。

　陰陽連絡の動脈として利用度が高くなった伯備線だったが、鉄道の電化については早くから望んでいたものの、山陽方面に一歩遅れをとっていたため、昭和37年に鳥取・島根・岡山の３県と沿線の各市町村などが、伯備線電化促進期成同盟会を結成して国鉄に働きかけてきた。昭和51年３月にやっと認可になり、電化区間は伯備線の倉敷－伯耆大山間139.6キロメートルと山陰本線の伯耆大山－知井宮間71.2キロメートルの計210.8キロメートルだった。待望のくわ入れ式と起工式は、予定より１年余りも遅れて、昭和52年３月６日に米子駅構内であり、工事の安全を祈願した。この電化事業が延期になったのは、国鉄の財政事情の悪化のためで、期成同盟会がスタートして以来、実に15年ぶりの着工だった。こうして伯備線は昭和57年７月１日に電化開業の運びとなり、車両運用の都合で、普通電車は６月21日から、特急は28日から営業列車として走った。「やくも」は381系特急電車を、普通列車は115系電車を使用し、伯備線では、全列車、山陰本線でも米子－出雲市間で１日４往復が電車となり、ダイヤも大幅に改正された。

新日野川鉄橋に５億円

　一方、伯備線の強化に伴って山陰本線を複線化しなければ、輸送に支障をきたすようになった。まず、検討の対象になったのが、山陰本線と伯備線の両線が走る伯耆大山－米子間で、この区間の交通量が単線のために制限されているとして、昭和36年11月に伯耆大山－米子間の複線化を国鉄本社と関西支社に陳情した。ところが、同区間の複線化については、鉄道内部ではすでに内々の「了解事項」となっており、総事業費３億9000余万円で、第１期工事として米子駅－日野川西詰間2.7キロメートルが翌37年１月29日に着工となり、年内には完工するというスピードぶりだった。この区間では当時、１日に89本しか列車は運転できなかったが、複線化したことで、１日に118本まで運転が可能になった。

　続く第２期工事の日野川西詰－伯耆大山間が着工されたが、日野川をまたぐ「新日野川鉄橋」工事は、５億円もの工費を要する難工事だった。長さ370メートルの鉄橋の架設には昭和40年６月から翌41年９月までの１年４か月もかかった。翌10月には伯耆大山駅まで開通した。上りは新線を、下りは旧線を使用し、米子－伯耆大山間4.8キロメートルが完全に複線になった。この複線化によって影響を受ける米子以西の山陰本線でも複線化が進められることになり、昭和41年12月から島根県内の山陰本線の一部区間で工事が進められ、山陰の鉄道は大きく飛躍することになった。

相次ぎ優等列車が走る

　国鉄の山陽新幹線新大阪－岡山間の開通や伯備線の電化などによって、米子鉄道管理局管内の陰陽を結ぶ各路線の輸送力は、めざましく改善された。山陰地方の鉄道は長い間、蒸気機関車から吐き出される煤煙になやまされてきたが、ディーゼル機関車が配置されだした昭和32年ごろから、徐々に無煙化が進んできた。同時に各路線で列車のスピード化も目立ちだした。翌33年10月には大社－京都間の「だいせん号」を快速列車に昇格させ、山陰－伯備－山陽線をつないで米子－大阪間の所要時間を６時間に短縮した。「だいせん号」の運行は、観光関係者から歓迎され、年末には皆生温泉宣伝隊が京阪神に繰り出し「だいせん号」による観光コースの利用

を大いにＰＲした。前年の32年7月スタートした「いずも号」は米子を午後5時に出発すると翌朝9時半には東京に着くのでビジネス急行として利用者が多かった、昭和39年5月になると、観光客の誘致とスピードアップを図るために、伯備線経由で名古屋行きの「第二だいせん号」が新設となった。翌40年11月には、東海道新幹線開通に伴い、これに連絡する特急「やくも号」が浜田ー新大阪間を走りだし、米子ー新大阪間の所要時間は5時間45分、米子ー東京間は9時間30分となった。

待望の山陽新幹線が岡山まで開通し、米子鉄道管理局は昭和47年3月に大幅なダイヤ改正をした。伯備線では山陽新幹線に接続する特急が4本走るようになり、いよいよ大阪が日帰り圏内に入った。山陰線では急行「出雲」が特急に昇格し、浜田ー東京間の所要時間を3時間42分も短縮して15時間40分で結ぶようになった。また同年10月のダイヤ改正では、山陰線の米子ー京都間に特急「あさしお1号」が新登場した。昭和48年4月のダイヤ改正では、伯備線の出雲ー大阪間の急行「おき」が特急に昇格し、車両は国鉄が自慢の新型気動車を配車し「やくも」に比べて出力、時速とも上回った。このため、出雲市ー大阪間（402キロメートル）を4時間53分で結び、5時間の壁を破った。また、米子鉄道管理局では管内の無煙化をめざしてディーゼル機関車を次々と導入し、このダイヤ改正で境線と山陰本線の米子以東からは旅客、貨物とも全列車が完全に無煙化になった。伯備線の特急「やくも」は昭和50年3月のダイヤ改正で6往復になり、2時間間隔の運転が実現して輸送力は一段と増した。

待ちに待った電車時代

山陰地方もやっと電車時代に入った。昭和57（1982）年7月1日に山陰と山陽を結ぶ特急「やくも号」が中国山脈を越えた。米子駅での出発式はこの朝、午前8時20分から一番ホームであり「やくも4号」が滑り込むと、ホームを埋めた人波から盛んな歓迎の拍手が起こった。この日、出雲市と岡山の両駅でも出発式があり、待望の電車時代を祝った。米子鉄道管理局には、新鋭の特急電車が配車されて、さらに列車はスピードアップし、昭和62年3月には米子ー岡山間で所要時間が26分短縮された。「やくも号」は上下それぞれ8本の運転となり、岡山ー新大阪間をノンストップで走っている新幹線の「ひかり号」に接続させ、米子ー新大阪の所要時間が4時間14分から3時間30分に短縮となり、近

畿圏が一段と近くなった。さらに、平成4年には「やくも号」は10往復になり、平成6年12月のダイヤ改正の目玉として、伯備線にデラックスな車両「スーパーやくも」がお目見えし、出雲市ー岡山間に1日4往復走り出した。

新車両の「スーパーやくも」は6両編成で、定員は350人。先頭車両のグリーン車は、眺望がいい、パノラマカーとし、車体全体は薄紫を基調にアイボリーホワイト、紫、かきつばたの3本のラインが入り、これまでの「神話の国」の風景を表現した「やくも」のイメージを一新した。座席は展望をよくするため、これまでの車両より、10センチかさ上げし、普通車の前部座席と後部座席の間も広くなって乗り心地がさらに良くなった。車内の内装はグリーン車が薄紫、普通車が緑を基調に仕上げていて、一段とグレードアップされた。その後も「やくも号」の増発は続き、平成9年11月には1往復増えて「スーパーやくも」の4往復を含めて14往復になり、同時にスピードアップも図り、米子ー岡山間は2時間以内で走るようになった。平成10年3月のダイヤ改正では「やくも号」の早朝の下りと夕方の上りが1往復増えて「やくも号」8往復と「スーパーやくも」7往復の計15往復になった。日帰り客などの滞在時間を長く、ゆっくりしてもらうのが目的だった。

新設されたり、格上げされる列車があれば、その陰でさびしく姿を消す列車もあった。日本海に沿って山陰と京都を結んでいた山陰本線の特急「あさしお」が平成8年3月のダイヤ改正で廃止になった。「あさしお」は昭和39年12月に山陰・宮津・小浜線経由の金沢ー出雲市間を走る急行列車として誕生した。昭和43年に名古屋ー大社間の急行「大社」の統合などを経て昭和47年10月に京都ー米子・倉吉・城崎の3駅を結ぶ特急「あさしお」として走り続けていた。しかし、米子方面から京都方面へは、山陰本線経由より伯備線と新幹線経由の方がざっと2時間早く、また鳥取や倉吉方面からの利用客も平成6年12月に開通した智頭線経由の特急「スーパーはくと」が京都まで延長運転され、利用客の減少が目立ちだしたため、惜しまれながら廃止となった。一方、古くから山陰地方と東京を結んでいた寝台特急「出雲」は、1日2往復していたが、このうちの1往復が平成10年7月から「サンライズ出雲」として伯備線経由で運転を始めた。所要時間が約90分短縮されたほか、テレビ付きの部屋もあるビジネスホテル並の個室が売り物だった。

『松江市史』に登場する山陰本線 (市史より抜粋)

鉄道敷設運動の高まり

海上・湖上交通にとって代わることになるのが鉄道輸送であるが、松江が鉄道時代を迎えるのはかなり遅くなった。中国地方では、1888 (明治21) 年に創設された山陽鉄道会社が神戸から西に建設を進めていき、1891年には岡山まで、1894年には広島まで開通させるなど、瀬戸内海沿いに幹線鉄道が形成されつつあった。現在の山陽本線である。しかし、日本海側を縦貫する鉄道の実現はこの時点では望み難く、鳥取・米子・松江・浜田などを起点として中国山地を越え、山陽鉄道に接続させようとする陰陽連絡線の構想が中心となった。島根県内では、1891年からそうした動きがみられるようになる。松江市でも福岡世徳市長ほか政財界の中心人物らが、鉄道実現に向けた運動を開始していた。

こうした鉄道要求は全国各地で生じていたが、それを受けて1892年6月に成立したのが「鉄道敷設法」である。同法は、今後政府が敷設する官設鉄道33路線をすべて列挙し、うち第一期 (12年間) に着手する九つの路線を選定する内容となっていた。そのうち、山陰地方に関する路線としては、姫路から鳥取・米子を経て境に至る路線が第一期線に採択されたが、現在の山陰本線に相当する路線は、第二期以降に回されていた。

ところで、「鉄道敷設法」の第一期線がすべて完成した場合、本州における市制施行地のうち鉄道が達しないのは松江市だけであるといわれ、そのことが危機感を強めた。福岡世徳市長らによる松江市の運動は、姫路ー境間の早期実現を求めることに加え、米子から松江に至る区間も第一期線に追加させることが目標となった。

その一方で、この頃から日清戦争後にかけて日本経済は好景気を迎え、各地で多くの私鉄計画が立てられるようになった。広島と松江を私鉄で結ぶ計画も現れ、1894年2月に広島市から調査員が来たことから、松江市では私鉄による陰陽連絡線実現の機運が生じてきた (「雲芸鉄道一件書類」)。その結果、広島から三次を経て松江を結ぶ両山鉄道会社の創立願が1894年12月に出されてきた。翌年12月には出雲大社から松江を経て米子に達する大社鉄道も出願され、1896年6月に両社が合併願を出して大社両山鉄道として敷設を目指すことになった (「鉄道院文書」)。大社両山鉄道は、仮免許に続いて1898年10月には本免許も得た。しかしその頃には日本経済は恐慌に襲われて私鉄熱は冷却しており、

翌年4月に免許を返納して計画は消滅してしまった。

山陰線の開通

こうして私鉄による実現への期待が消滅すると、再び官設鉄道誘致の動きが表面化してくる。1899 (明治32) 年 には松江市を中心に山陰鉄道期成同盟会が結成され、福岡世徳・岡崎運兵衛らが上京してしきりに陳情活動を行っていた。その目標は、「鉄道敷設法」を改正し、米子から松江を経て山口に達する山陰縦貫線も第一期線に繰り上げることであった (「山陰鉄道速成同盟会」)。

ところで、「鉄道敷設法」で第一期線とされた9路線のうち、姫路ー境間は優先順位が最も低かった。工事はようやく1900年に境の側から着手され、1902年11月には米子を経て御来屋までの区間が開通した。ところが、1903年6月にこの路線の経路に関して大きな変更が行われた。姫路を起点とする計画をやめ播但鉄道 (現播但線) の終点である和田山 (兵庫県) を起点とするよう改められたのである。さらに、日露戦後の1906年3月には、米子から松江を経て今市 (出雲市) に至る区間を第一期線とする法改正が行われ、追加予算も認められた。こうして現在の山陰本線の輪郭が現れはじめ、ようやく松江まで鉄道が達する見通しがついたのである。

1906年11月から用地買収が始まり、米子から西に向けて工事が始められた。1908年になると4月に安来まで開通したのに続き、11月8日についに松江まで開通する運びに至った。当初、松江駅は西津田付近に予定されていたが、市の中心から外れすぎるため、現在地に変更になったと言われている。駅付近一帯は水田が広がり、市街地と駅を結ぶ道路が整備された。開業当日は駅前に大アーチが設けられ、道沿いには日章旗や提灯が連ねられ、市内は元より近郷からも約5万ともいわれる人々が集まって開通を祝った。

松江から西は、1909年11月に宍道まで、1910年6月荘原まで、同年10月には今市まで開通するなど順次建設が進んでいった。しかし、この時点ではまだ山陰線は兵庫県内で未開通の区間があり、全国的な鉄道網につながらない孤立した路線となっていた。最後に残った香住ー浜坂 (ともに兵庫県) 間も完成し、京都・大阪との直通運転が可能になったのは、1912年3月1日のことである。

辻 良樹（つじ よしき）

1967年滋賀県生まれ。東京で鉄道関係のPR誌編集を経てフリーの鉄道フォトライターに。現在は滋賀県を拠点に著作。著書に『関西 鉄道考古学探見』（JTBパブリッシング）、『日本の鉄道150年史』（徳間書店）のほか、『北海道の廃線記録』シリーズ各編（フォト・パブリッシング）、『阪和線、紀勢本線 1960～2000年代の思い出アルバム』（アルファベータブックス）など。2023年の春から朝日新聞滋賀版にて滋賀の鉄道に関するコラムを連載。

【写真撮影】

伊藤威信、荻原二郎、荻原俊夫、長渡 朗、西原 博、野口昭雄、安田就視、山田虎雄
朝日新聞社

山陰本線
1960～2000年代の思い出アルバム

発行日 ………………… 2023年4月5日　第1刷　※定価はカバーに表示してあります。

著者 ……………………… 辻 良樹

発行者 …………………… 春日俊一

発行所 …………………… 株式会社アルファベータブックス

　　　　　　　　　　　　〒102-0072　東京都千代田区飯田橋 2-14-5 定谷ビル

　　　　　　　　　　　　TEL. 03-3239-1850　FAX.03-3239-1851

　　　　　　　　　　　　https://alphabetabooks.com/

編集協力 ………………… 株式会社フォト・パブリッシング

デザイン・DTP ……… 柏倉栄治

印刷・製本 ……………… モリモト印刷株式会社